確 実 に お 金 を 増 や し て 、
自 由 な 私 を 生 き る !

元 外 資 系 金 融 エ リ ー ト が 語 る

価値ある お金の 増やし方

肉乃小路ニクヨ

経 済 愛 好 家 ・ コ ラ ム ニ ス ト

KADOKAWA

はじめに

自分を好きになって、自分を喜ばせるために
お金を使っていると、どんどん幸せになっていきます。
そうすると、その幸せを長続きさせるために、
周りの人たちや自分が置かれている環境も整えたくなります。
そのためには、もっとお金が必要になってきます。
不思議なことに、必要とし大切に扱う人のところに
お金は集まってきます。
だからお金を大切にするための感度を
もっともっと上げていかなくてはなりません。

ピンチはチェンジ！　幸せになるための最強の道具「お金」を増やすために、あなたとシェアしたいこと

経済愛好家でニューレディーの肉乃小路ニクヨです。大学在学中から女装をスタートした私は、卒業後、証券会社、銀行、保険会社など金融業界を渡り歩いてきました。42歳で退職し現在はフリーランス。そんな私は、自らを経済愛好家というだけあって、お金が大好きです。愛おしいです。お金は私にたくさんのチャンスや出会いをくれます。「お金は災いを呼ぶ」という人もいるけれど、お金自体はあくまでも「道具」です。災いが起きたというならお金を使う人が間違った使い方をしただけ。だから間違わないように使わなくてはなりません。そして大切に使っていると、もっと仲間を集めてくれるのがお金です。

だからお金って、「どう使うか？」がとてもとても大切なんです。そして使う時に一番大切に考えてほしいことは「どうしたら自分が幸せになれるか」ということです。こう言うと「新手の自己啓発セミナーか宗教か？」という人が出てきますが（たしかに私の見た目は新興宗教の教祖っぽいですが……）、それは違います！なぜなら優先順位は第一に「自分」だからです。まず「自分」が幸せになる。そのためにお金を使う。そしてその幸せが少しでも長く続くように周りの環境を整える。何を差し置いても「自分優先」なら、宗教じゃないですよね。

「自分の幸せがわからない」という声もよく聞きます。私の経験上「自分の幸せ」がよくわからないのは、あまり自分のことが好きではない人が多いようです。自分のことが好きだと、自分に興味関心があるので、どうしたら自分が喜ぶのかがすぐにわかります。自分を好きでないと、どうすれば自分がうれしいのかがよくわからないのです。

周りの幸せそうな人やお金持ちで「自分のことが嫌い」という人を見たことがありますか？私はほとんどありません。たまにいたとしても「自分のことが嫌い」な人は必ずその後、不幸になりお金も逃げていきます。だから「幸せ」や「お金」に恵まれたかったら、自分を好きになるしか方法がないのです。

そうは言っても「私はブサイクに生まれました。自分を好きになれません」という人もいるでしょう。だったらお金を集めて整形をしてみてください。それは正しい自分の愛し方です。「家族の愛情に恵まれなかったから、自分の愛し方がわかりません」という人もいるでしょう。その場合は家族以外の人を見習ってみましょう。歌や小説、物語から、愛し方を学びましょう。愛し方を教えてくれる素敵な人に出会うためにお金を使うことも、素敵な使い方だと私は思います。

この本を手に取った方はきっと「お金を貯めたい！お金持ちになりたい」という思いを持っている方だと思います。だったら絶対条件として「自分を好きになる」ということに対する恥じらいを捨ててください。この世界に生まれてきたからには「自分」から逃げることはできません。「自分なんて」と思う人生と「自分だからこそ」と思う人生と、どちらが楽しいでしょうか？恥ずかしがったり、照れたりすることなく、とことん「自分」を愛しましょう。そこが徹底されていない限り、どんなにお金について、テクニカルな話を読んで実践したところで幸せになれません。幸せになるための最強の道具である「お金」を集める意味もなくなってしまいます。

壁にぶつかり続けた人生

私自身、最初から「自分を愛する」ようになれたかというと、そうでもありません。肥満児で、運動神経も鈍く、勉強も中途半端で、家柄も普通、しかもゲイ。慶應義塾大学に入った時にはコンプレックスの塊でした。40歳くらいまでずっとそうだったと思います。もう少し自分を早くから受け入れて愛してあげられていたら、もっと現在（いま）は変わっていたかもしれません。

でもそれも今では不器用な私らしいなと思っています。コンプレックスを抱えてもがき続けて、さんざっぱら嫉妬して、歯ぎしりして、悔しがる人生で、壁にぶつかり続けたからこそ得たことがたくさんありました。まさに「ピンチはチェンジ」です。ピンチのたびに反省したり、考え続けたりして立ち上がってきました。そして幸せになる道具「お金」との付き合い方を学びました。だからこそ、その経験はシェアする価値があると思いました。

この本の狙いは、私と同世代以上の方はもちろん、20代、30代の若い方にも「こう考えたらお金も集まってきて、生きるのがさらに楽しくなる」ということを伝えることです。大変おこがましいとも思ったのですが、ハッピーな人が増えた方が、私の周りにもそういう人が集まってきて、私もハッピーになれるのではないかと考えました。

この本はある意味「お金を扱うお作法」について書いた本と言い換えられるかもしれません。現代社会において「お金」というパワフルな道具を使いこなして、自分の幸せに役立てるには、お金と向きあう「お作法」が必要です。「お作法」さえ理解していれば、どんなに時代が変化していても対応できるのです。令和流なので「歯ァ出して、笑え！」といった昭和スパルタではなく「どうして？」という疑問に答えるつもりで書いています。

子なし女装の本懐

私には残念ながら子供がいません。私が一つ一つ考えて、変容して、乗り越えてきたことをこのまま誰にも伝えず死んでしまうのかと思うと、40歳を過ぎたあたりから、すごく惜しいような気がしてきました。おこがましいのは重々承知ではありますが、私が東京という街で刻み付けた「獣道《けものみち》」の歩き方が同世代や次の世代の方のお役に少しでも立てるならうれしいと思って、YouTubeやコラムで発信をしてきました。これは私の父が50代前半で亡くなったというのも影響しているのかもしれません。

またコロナ禍で切実に感じたのは、人は40歳を越えたらいつ死んでもおかしくないということです。身体がまだ動くうちにやらなければと思い、今この本を書いています。つたない文章で恐縮ですが、失敗の多かった私が、つんのめりながら、そのたびに立ち上がって、変わりながら獲得してきたお金に関する知見を詰め込みました。

あなたがこの本を手に取って、あなたの人生に少しでも役に立つことができたら、こんなにうれしいことはありません。

目次

第2章

【使う】自己投資にしっかりお金を使うのが正しいお金の消費

第3章 【稼ぐ】自分を高く売る！ 時代が変わっても変わらないお金の稼ぎ方

第4章 【増やす】本物の自由を手に入れる！ お金を増やす最初の一歩とは

装丁　小口翔平＋畑中茜（tobufune）
本文デザイン　田中俊輔
撮影　西尾豊司（Rongress Inc.）
校正　文字工房燦光
編集協力　相川未佳（M&A）
編集担当　今野晃子（KADOKAWA）

第１章

【貯める】

お金を使いながら無理なく貯める方法

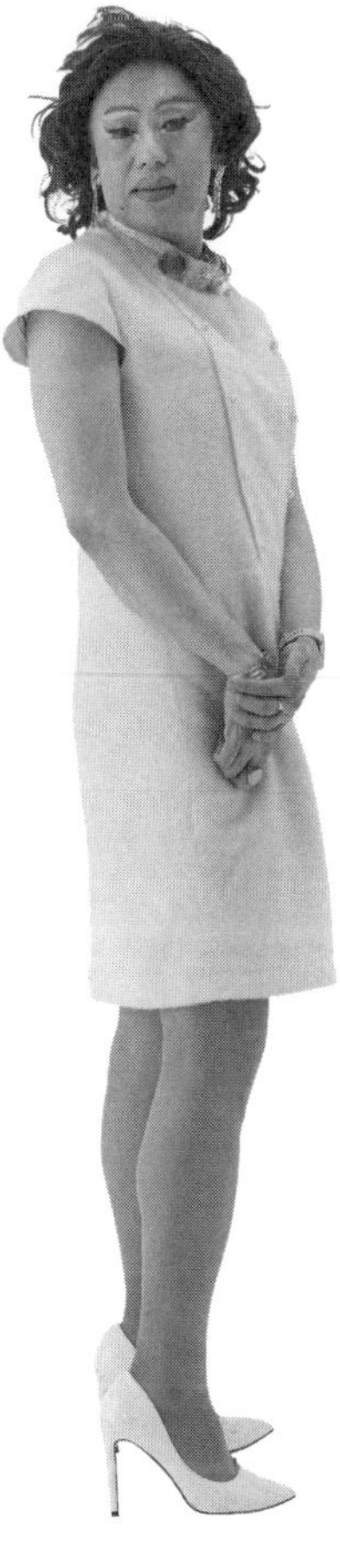

お金を貯め始める前に必ずやるべきこととは？

ゲームに参加する最低条件

いつかは投資にチャレンジしてたくさんお金を扱えるようになりたい。そう考える人は多いと思いますが、どんな手段でお金と付き合っていくにせよ、最初にしなければならないことは「お金を貯める」ということです。

「お金を増やす＝投資」にチャレンジするには参加資格が必要です。それはある程度の余裕資金を持っているということ。つまり「お金を増やすゲーム」に参加する資格を得るために、まずは「お金を貯める」必要があるのです。銀行でも証券会社でも明日の食事に困るような人に投資を勧めたいと思いますか？このお金がなくなったら子供の給食費が払えなくなる、そういうお金で投資をさせたら、市場の関係で一時的に下がった際に逆恨みをされそうですよね。だからどこの金融機関も投資商品を勧める際にはその資金が余裕資金かどうかを必ず聞くように指導されています。つまり余裕資金を持っていないと投資もできないし、まとまったお金が必要な買い物もできないのです。お金を貯めないと「お金を好循環させるゲーム」のスタートラインにすら立てないのです。悔しいですよね？　私は悔しいと思いました。だからまずはお金を貯めました。

不思議なことに、ある程度の手元資金が貯まると、何をするにせよ心に余裕が生まれ、落ち着いて物事を判断できるようになりました。そうなると焦って変なことをするリスクが減ります。人生における多くの選択は落ち着いて対処すればそんなに間違えることはないものです。これもお金に余裕が出てきて、初めて気が付きました。

このようにお金を貯めていくと、人生に余裕ができて自分にお金をかけられるようにもなって、モテるようになります。まるでパワーストーンやブレスレットなどの開運アイテムの広告みたいですが、事実です。

お金の貯め方は簡単な計算式で理解できる

だからまずはお金を貯めるということから始めてください。でもどうやったらお金が貯まるの?ということをよく聞かれます。それはおそらく小学生でもわかることだと思うのですが「入ってくるお金－出ていくお金＝残るお金(貯金)」ということです。残るお金(貯金)の額を大きくしたければ「入ってくるお金」を大きくするか「出ていくお金」を抑えるしか方法はないのです。

「入ってくるお金」を大きくするか、「出ていくお金」を小さくするかは人の性格によります。バランスを取りながら、どちらも取り組む人が多いかと思いますが、より得意な方を伸ばしていくのが良いのではないのかなと個人的には思います。

ちなみに私の場合ですが「入ってくるお金」を大きくする方が「楽しい」と思ったので、そちらを重視してきました。でも同時に「入ってくるお金」を邪魔しない程度に「出ていくお金」を小さくする努力もしていました。次ページから、私がお金を貯めにくい時期とされている20代の頃、どのようにお金を貯めていったのかを記しておきたいと思います。

NIKUYO'S ADVICE

ニクヨの
愛ある
アドバイス

お金を貯めることがお金を増やすゲームに参加するための最低条件。まずはやるっきゃない。「入ってくるお金」を増やし、「出ていくお金」を減らす。自分の特性に合った方法を見つけて取り組んで。

コストパフォーマンスとタイムパフォーマンスを意識した生活

街のインフラをフル活用

私は20代の頃、東京都新宿区の4畳一間のお風呂（シャワー）とトイレが共同の物件に住んでいました。元々家では寝るかパソコンでネットサーフィンをするくらいしかしなかったので、それでちょうど良かったのです。まだ若かったので、築年数や設備などよりも、家で自分がどう過ごしているかを考えてそのような判断をしました。そうすると家賃は、新宿区でも3万円強くらいに抑えられました。当時、家に来て騒ぐような友達もいなかったのと、東京という街のインフラ（公共施設）を十分使いこなしたので、まったく困りませんでした。

お風呂がないと不便という声もありますが、私はスポーツジムの会員だったので、ジムでお風呂は済ませていましたし、ジャグジーも付いていたので、そこでしっかりと温まることもできました。ジムがお休みの日は近くの銭湯に通っていました。銭湯は湯船が広くてとても気持ちが良いのです。たまの贅沢のような感じで、楽しんで銭湯に通っていました。

読みたい本は図書館で借り、空調の効いた図書館で読書や仕事の勉強をしていました。また、東京にはたくさんの喫茶店やファミレスがあります。そこでもお茶を飲んだり、軽食を食べたりしながら勉強や読書をして楽しんでいました。

移動は健康と交通費の節約を兼ねて自転車でした。新宿は意外と坂が多かったので、良い運動になりました。できる時には自炊をしていました。当時から簡単に野菜を多く摂れる鍋料理をよく食べていました。

私は好奇心が旺盛で吸収したいという気持ちが強く、家で勉強をするのが苦手だったので、こういったライフスタイルを選択しました。でも人によってはお風呂がないのは耐えられないとか、家で腰を据えて勉強したい人もいるでしょう。そういう人は住居費にもう少しお金をかけて、その代わり外食などの消費を減らす方法もあります。要は自分の中で優先順位を決めて、メリハリをつけることが大切なのです。自分の中の大切な部分を尊重しながら節約していきましょう。

交際費や遊興費は発想を変えて

20代の頃の人付き合いや交際費はどうしていたの？と疑問に思う人もいると思います。私は昼は仕事をしながら、夜は社交場でお金を使う側ではなく、お金をいただく側になりました。社交を仕事にしたのです。当然お金をもらって仕事としてやっているので真剣勝負です。つまらなかったら怒られます。話し方、聴き方などを先輩やお客様からたくさん勉強させてもらいました。また、オフの日は家で一人音楽を聴いたり、情報収集をしたり、自転車に乗って図書館や喫茶店やファミレスで勉強したり、スポーツジムに行ったりして過ごしていたので、お金をあまり使わないで暮らせました。ドラァグクイーンとして地方のイベントに呼んでいただけることも多く、それで旅行に行きたい欲求は満たされていました。

ニクヨさんはドラァグクイーンだったから社交でお金をもらえたのでは？という人もいるかもしれません。でも私はすっぴんでゲイバーの店員として働いて、社交場でお金をもらっていました。だからカフェや居酒屋などの人が集まる場所で従業員として働くのと同じようなものです。おしゃべりのレベルは高かったですが(汗)。

でもそれも厳しいという人もいるでしょう。そういった人はお金こそ期待できませんが、NPOやNGOのお手伝いやボランティアに参加する方法もあると思います。大切なのはあまりお金を払わずに人と交流することと、多様な年齢や人種が集まる場所で、直にコミュニケーションを取ることです。現代社会ではSNSだけで交流した気になりがちですが、私はそれだけでは足りないと思います。人間は会わなければわからない情報がたくさんあります。リアルで会って、その上でSNSで補完するように交流する。こういった社交や経験を重ねると、職場でのコミュニケーション改善にも大いに役立つはずです。

給料が上がらなくても手元に残るお金は増やせる

このように、20代の頃は住居費、交通費、交際費を独自の方法で節約することで、地道にお金を貯めていきました。特に住居について、見栄を張らなかったことと、都心に住んでインフラをフル活用できたことが大きいと思います。

何をするにもどこへ行くにも移動時間が短いので、時間を有効に使えました。今で言う「コスパ（コストパフォーマンス）」「タイパ（タイムパフォーマンス）」が良かったのです。これがもし地方都市だったら、どこに行くにも車に乗らなければならず、ガソリン代や駐車する手間など余計な時間もかかります。「Time is Money.」。これはアメリカの政治家ベンジャミン・フランクリンの言葉ですが、人生の真理だと思います。特に若い頃の一分一秒は吸収する量が大きいです。だから、ニュースなどで最近の若者が「タイパ」にこだわっているということがよく言われていますがとても理解できます。私もそうやって「タイパ」にこだわって、働きながら勉強をする時間を作りました。金融商品の販売資格や銀行業界内の資格試験のための勉強、金融商品のセールスのノウハウについて勉強していました。自分はもう若くないから関係ないと言っているあなた、人生でやりたいこと、まだまだありますよね。今日という日が一番若いのです。時間を大切にしてやりたいことを実現していきましょう。

こうしてコスパとタイパを意識して生活するうちに、20代の終わりに、派遣先で取得した資格を活かして転職活動を行い正社員になることができました。正社員になると、毎月の給与の他にボーナスも入り、ますますお金を貯めやすくなりました。私は基本的に物欲があまりないタイプだったので、ボーナスで大きな買い物をすることもなく、仕事も多忙を極めたので、残業代もついて、それに手を付けないでいたら、さらにお金が貯まりました。そうすると余裕資金ができて、投資にも目を向けられるようになりました。やっとお金の好循環ゲームのスタートラインに立てたのです。その自信もあってか、その頃は上からも下からも色々と声がかかり、とてもモテた時期でした。大体アラサーあたりが経済的な好循環の始まりで、人生のモテ期と言われていますが、私もそうでした。住居も普通の風呂トイレ別の賃貸に移り、少し暮らしにも余裕が出てきました。

NIKUYO'S ADVICE

ニクヨの愛あるアドバイス

20代はコスパとタイパを重視して、空いた時間に勉強やコミュニケーション能力の開発に努めて。自己投資を続け浪費を防いだ人には、資本主義経済の好循環ゲームの参加資格がもらえます。

現在はシェアリングエコノミーが大充実。さらにお金を貯めやすい

若い頃の貧しさは恥ずかしくない

私の若い頃の節約方法をお話ししてきましたが、「ニクヨさんは普段は男だから、セキュリティの低い住居で暮らしたりできたのではないですか？」と言われることがあります。たしかに男だったからできた面もあります。でもその代わりに、今は昔よりもはるかに「シェアリングエコノミー」が発達しています。「シェアリングエコノミー」とはインターネットの普及であらゆるものがつながり効率よく共有したり、力を貸したり、モノを売ったり、労働力を提供したりできる経済です。

住居も昔に比べるとお風呂やトイレが共用でも、セキュリティのしっかりした質の良いシェアハウスがたくさんできていますし、サブスクと言われるサブスクリプション（料金を支払うことで、製品やサービスを一定期間利用することができるビジネスモデル）も充実して楽しみながら節約ができます。銭湯は減りましたが、24時間開いている年中無休のジムも増えたので、発想を転換すれば家にシャワーがなくても困ることはありません。

虚栄心と野心をコントロールする

今の日本はインフラやシェアリングエコノミーの充実度も料金体系も過去最高に優れています。また、メルカリや様々なオークションなどの中古品市場が充実し、所有欲や新品至上主義、ステータスへの虚栄心さえ上手くコントロールできれば、野心的なことに集中してお金を使うことができます。

失敗しても大目に見てもらえる若いうちに、虚栄心と野心のコントロールを鍛える意味でも、貧しさを経験しておくのは大事だと思います。新品もステータスも年齢を重ねて、経験を積み所得が上がれば自然に手に入るものです。だから若いうちはシェアリングエコノミーをフル活用して、卑屈にだけはならずに、お金を貯めて自分の人生に余裕を持てるようになりたいものです。

NIKUYO'S ADVICE

ニクヨの愛あるアドバイス

若い時の貧しさの経験は『巨人の星』の大リーグボール養成ギプスのようなもの。虚栄心と野心のコントロールを学び、シェアリングエコノミーやサブスク、中古市場などを使い倒し、お金を貯めていこう。

固定費で大きい住居費。持ち家か賃貸か問題

住居に対する考え方は十人十色

ここまで私が取り組んできた支出の節約方法として、住居費や交通費、遊興費についてお話ししてきました。一般的に住居費や交通費など毎月固定で支出するものは固定費、遊興費や洋服の衝動買いなど、固定でなく毎月金額が変わる支出は変動費と言われます。世の中の節約術の多くは固定費を低く抑え、変動費を見極めてどう抑えるかが大切ということを語っています。

住居費は、家賃・地代・住宅ローン・固定資産税・水道光熱費・設備修繕（材料、手間賃）・家具什器《じゅうき》（台所用品、食器なども含む）などに対する支出です。特に家賃や住宅ローンについては金額が大きいのですが、住居に対しては、人それぞれの価値観があるので一概に言うことはできません。

家賃や住宅ローンの金額が高くても、都心に住むことで、仕事がしやすくなり、子供を預ける施設も充実しているので、しっかり共働きできて、収入が増えるという人もいます。一方で家族の事情や、家の広さや住みやすさなどを考えて郊外に住む人もいます。

私は自動車の運転が苦手で、高くても駅近の物件が良いと思ってしまうのですが、運転が良い気分転換になるという人は、駅から遠い場所の方がゆったりとした駐車スペースが確保できるので、良いと考えるでしょう。あと実は本当のお金持ちは車移動が基本なので、混雑した駅前を避けて郊外にゆったりと住むということもあります。

賃貸の家賃・持ち家の住宅ローンの悩み

住居費について、あえて一般的な言及が可能であるとすれば、月並みですが賃貸の場合の家賃です。昔から言われていますが、家賃は収入の3割程度に抑えることが大切です。賃貸で家賃が収入の3割を超えると家計の中に占める負担が大きいので、貯金能力や投資余力にも影響が出てきます。残念なことかもしれませんが住居費が収入の3割を超えるようなら、身の丈に合っていません。そのまま放置しておくと他の部分の努力を無駄にします。高過ぎる家賃というのは、その場所に住むというステータスを求める心（＝虚栄心）のコントロールに問題がある状態であると言えます。そういう人は他の支出全般についてのコントロールも甘くなります。そのことは自覚しておいた方が良いと思います。

持ち家の人の住宅ローンについては、銀行融資を利用した時点で、身の丈に合ったものになっていると思うので、返済額は問題ないかと思います。そんな住宅ローンの問題点は「繰り上げ返済するかしないか」だと、私は思っています。日本は現状、史上まれにみる低金利状態です。今返済中の住宅ローンについて低い金利で返済できているなら、わざわざ繰り上げる必要があるの？ということです。

繰り上げ返済否定派の人の意見では、繰り上げ返済分をつみたてＮＩＳＡや投資信託で運用などに回して、そこで年３～４％くらいの収益を狙った方が、年利１％以下の住宅ローンを繰り上げ返済するよりも有利であると言われています。投資までいかなくても、ある程度預貯金で持っていた方が急な出費にも対応できるので良いという考え方です。たしかに理論上はそうかもしれません。でも借金を抱えていると不安で、お給料をもらっている本業の仕事に身が入らないというタイプの人もいると思います。そういった人は早く返済した方が良いと思います。

それに日本ではここのところようやくデフレ（モノの値段が下がる状態）からインフレ（モノの値段が上がる状態）が起こってきて、それを鎮静化するために金利が上昇するかもしれないということもあり、そうするとこの先変動金利の場合に住宅ローンの金利が上がってしまう可能性というのも完全に捨てきれません。

意外に思われるのですが、私は実は借金が苦手です。人生で大きな借金というのは父が亡くなって相続した不動産関係の時だけで、それ以外は一度もしたことがありません。住宅を購入しなかったので、現在住宅ローンはありませんし、自動車も運転免許は持っていますが、興味がないのと、都心に暮らしているため必要ありませんでした。借金のない状態が私にとって快適なので、もし私だったら金銭的に余裕ができたら、繰り上げ返済をすると思います。通常のつみたて投資とは別に、ボーナスなどの一時金が入った時に、何かに投資をしようと思って、アイデアが浮かばない時がありますよね。そんな時は普通預金に置いておいても、金利がつかないので、繰り上げ返済に使ってしまう方が良いと思っています。

頭では返済できる借金は大丈夫ということはわかっているのですが、独り身なのでいつ何があるかわからないと思うと、あまり迷惑をかけたくないなということが心のどこかにあるのです。ご覧のように女装やメイクについては一ミリも健気さはないんですが（笑）、仮面の下にはそういったうぶな少女的な要素も抱えたミステリアスレディーが同居しているのでした。

NIKUYO'S ADVICE

ニクヨの愛あるアドバイス

住居費は賃貸なら収入の3割以内を死守。住宅ローンは低金利で借りられている状態なら、無理に繰り上げ返済する必要はない。だけど、借金があると精神的に嫌だなと思ったら繰り上げを実行すべし。

その他の固定費の節約。狙い目は教育費をどう抑えるか

1000円までの節約なら気にしない

住居費以外の固定費は、水道光熱費や通信費、お子さんがいらっしゃるご家庭だと教育費や死亡保障のついた保険などがあります。電気をマメに消すとかトイレのタンクにペットボトルを入れて水を節約とかするとエコだとは思うのですが、節約できて月に数百円、よくて1000円くらいの節約ならば、私は快適さを重視するタイプです。なので、意識の高い友人からは「地球に厳しい女装」だと言われます(笑)。地球に優しい感じで生活してはいませんが、電気とガスはまとめるとお得に

なるプランがあるので、それはやっています。あとは女優気質で風を感じていたいということもあり、エアコンを使う時には扇風機やサーキュレーターをつけて、空気の循環をよくしエアコン代を節約しています。おかげで酷暑だった2023年の夏は夜もエアコンをつけっぱなしのことが多かったのですが、例年と変わらない電気代でおさまりました。

通信費ですが、日本は今、とても通信費が安い国になりました。家に光ファイバーを引っ張っていれば、外での携帯電話は各社が打ち出している20GBまでの格安プランで十分です。自宅の光回線は結構使用しても、月々約5000円、マンションタイプだともっと安いです。そして、携帯各社の格安プランは大体月々約3000円。つまり8000円でいつも快適な通信環境が手に入ります。外出先で動画をたくさん見ることはほとんどありませんし、そもそも日本はいろいろな場所でwi-fiが充実しています。公衆のwi-fiは個人情報の取扱いに注意が必要ですが、そこに気を付ければ普通に使って月に20GBを超えることはありません。これで家でも外でも快適に通信ができるので、ここからさらに節約を頑張ろうという気持ちはおきないはずです。たまに携帯料金が謎の1万円超えをしている人を見ますが、スマホを使う分には、本当に格安プランでこと足りますのでプランを乗り換えてみてください。回線品質は同じで、普通に使えます。やっていない人はすぐやるべきです。

私がその他の固定費の節約で、今後一番効果が高いと思うのが教育費です。教育費はオンラインを活用する時代だと思います。塾や勉強もオンラインで行った方が、コストもあまりかかりませんし、交通費もかかりません。夜遅い時間に塾の登下校で危ない思いをすることもありません。

現状、都市圏では受験の塾に通わせる人が多い実情は私も理解しています。でも、それは本当に子供のためでしょうか?同調圧力によるものではないでしょうか?小さい教室に押し込められて、ライバルがいる中で勢いで受験を乗り切る。私もやってきましたが、正直古い考えだと思うのです。事実私は大学受験で目標を達成した後、反動で一時的に無気力症状になりました。

これからの時代、労働者に求められる資質は学歴ではなく、何を学び、それをスキルとして身に着け、どう活用していけるか？ということです。そのためには自主的に学ぶ目的や意味を考え、実行する能力が問われています。

私の理想は親も何らかのオンラインプログラムに参加し、親子で隣り合ってダイニングテーブルで授業を受けたり、課題をやったりすることです。子供は親から学ぶ姿勢や方法を学べますし、親は子供の様子を見ながら、自分のスキルアップができます。終わった後に感想を言い合ったりして、親子のコミュニケーションにも役立ちそうです。忙しい時には、子供の隣でサブスクのドラマや映画を観てもいいのです。海外作品であれば、字幕の設定を工夫すると語学の勉強にもなります。そう考えるとグッと敷居が下がりますよね。

今は10万円以下の良いパソコンがいっぱいあって、カメラやヘッドセットの性能も上がっています。子供のパソコンへの慣れも含めて、パソコンで塾や習い事などのオンライン教育を受けさせるのは、私が親なら絶対にやります。こうした教育費の節約でお金を貯めるのも、新しい方法です。

過大な死亡保障のついた保険は不要

次に保険についてです。これは数々の家計チェックのテレビ番組を観ていると、最も削られる部分です。結論から言うと、お子さんがいない、または配偶者が専業主婦（主夫）の家庭では、大きな金額の死亡保障のついたプランは不要です。死亡保障は自分に万が一のことがあった場合の家族の生活費用という目的です。お子さんがいる家庭では養育費のために必要かと思いますが、それ以外は女性の社会進出も進んだ現在、生活費くらいは稼げるので不要だと思います。

銀行で住宅ローンを組んでいる場合、既に団体信用生命保険に加入させられているケースがほとんどです。そういった意味でも住宅ローンを組んでいる方も過大な死亡保障は不要だと思っています。

独身で加入しておいた方が良いのは医療保険です。ただしこれも負担が軽めのもので大丈夫です。なぜなら日本には医療費の家計負担が重くならないよう、医療機関や薬局の窓口で支払う医療費が1か月で上限額を超えた場合、その超えた額が支給される高額療養費制度というものがあるからです。詳しい条件は加入している健康保険組合や市町村の窓口で相談になりますが、自己負担の金額に上限があるので、過大な医療保険をやめてその分を預貯金に回したり、換金性の高い投資商品で運用したりする方が良いケースが圧倒的に多いです。また事務費用などを考えると対面より通販、通販でもネットで契約できるものが、より低コストで運営できるため、保険料は割安になります。私は生命保険会社にいましたが、ネットの保険だからといって、そんなに酷い評判は聞いたことがありません。およその仕組みがわかって、ネットで加入できる方はネットの保険会社を活用すると良いと思います。

NIKUYO'S ADVICE

ニクヨの愛あるアドバイス

固定費の節約はストイックになり過ぎず、ネットを活用し最適なプランを選んで。携帯電話は月3000円程度の格安プラン一択。保険は残された家族の生活の心配がない場合は過剰な死亡保障プランは不要。

悪い人間関係のために変動費を浪費しない

変動費は自分を幸せにするためだけに使う

変動費は毎月変わるもので、いわゆる外食などの交際費や洋服や日用品の購入などです。実は私もこれを減らすのはニガテなのですが、元々が陰キャで友人もそんなに多くないので付き合いも少なく、また友人のお店を手伝いながらそこで人と会ってきたので、交際費や付き合いの費用で生活を圧迫されるというのを経験したことがありません。

しかし周りを見ていて感じるのは、友人関係には残念ながら無駄なものもあるということです。特に一緒にいて愚痴を言いあうだけの関係とか、悪口ばかり言う関係です。もちろんそれが楽しいというのもわかりますが、お金と時間を使ってやることか？とも思います。そこにお酒が入ると最悪です。気が大きくなってさらに浪費をします。これは酒場で仕事として、たくさんのお客様を見てきた真実です。かくいう私も昔そういうことをやってしまったことはありました。私はそれを「ブス飲み」と呼んでいましたが、やった後に非常に後悔することが多く、だんだんそういうことをしなくなりました。

酒場は出会いや情報交換の場で、新しい価値観や気付きを求めて楽しむために行くものです。リラックスしたりカジュアルな雰囲気にするための媒介としてお酒はあります。酒場を掃き溜めにするのも、社交場として活用するのも、使う人次第です。そしてよくない友達との掃き溜め的行動は、一時のストレスの解消にはなりますが、自分の価値を落とし、健康も壊し、時間もお金も運も奪っていきます。だから悪友とは距離を置き、ブス飲みから卒業することが大切です。

一人の時間を大切にすると必ずご褒美がある

悪友たちと距離を置くのは最初は寂しいかもしれませんが、その時間を自分のために使ってみてください。読みたかった本、観たかった映画、行きたかった場所、それを実現して、気付きや新しい出会いを求めるのに使いましょう。お酒の一杯や二杯分のお金で、簡単に手に入り、満足度が高いことに気付くはずです。自分に新しい情報をインプットすることで、次に出会いの場に行った時にちょっと自信を持って情報交換や発信をできるようにもなります。それが最終的にはお金にとっても良い巡り合わせになると私は思っています。

孤独を恐れるか、孤独な時間に情報を仕入れて面白い人間になるか。人間の価値はそこで決まります。そうすると一人で過ごすことに抵抗も少なくなり、無駄な変動費は減ると私は思っているんです。

一人きりで散財するって難しいんですよ。一人きりなら見栄を張らずに自分の好きな服を着て、好きなものに囲まれて過ごせば良いので、ハイブランドの服や小物も必要なくなります。私は節約というのはニガテだから、こういう風に考えることで変動費を抑制して生きてきました。

NIKUYO'S ADVICE

ニクヨの愛あるアドバイス

変動費の節約は人間関係の整理から!不要な人間関係を見直し、一人の時間を大切にすれば、虚栄心や悪口を言うだけの飲み会もなくなり一石二鳥。孤独を楽しめる大人には新しい出会いも!

自分でできる強制貯金シミュレーション

予算管理はゲーム感覚で

一人の時間を楽しめるようになると、固定費も変動費もそんなに使いません。そして第1章「貯める」の最後に大事なことを言います。本気で貯めたいなら給料やお金が入ったらすぐに貯金・投資分を振り分けてしまうこと。これは一般的に強制貯金と言われていますが、私はそういう風に捉えていません。

貯金っていったい誰のためにするものでしょうか?答えは一つ、「自分」のためです。「自分」の未来にやりたいことや、何かあった時のために備えるもの。だから、給料やお金をもらったら、最初に「大事な自分のため」にお金を確保する。そういう気持ちでやると、強制とは感じないのでつらくありません。

そして残った金額で暮らす、つまり予算管理を考えます。予算を立てて破綻しないように生活を運営していく。これは仕事のマネジメントと一緒です。マネジメント能力を磨くのはどんな仕事にも必要ですが、それを鍛えていると思うと、だんだん楽しくなりますよね。生活で培った予算管理の考え方は、必ず仕事にも活きてきます。そう考えると予算管理の一つとして、「強制貯金をやってみようかな」という気持ちになりませんか?

目標額と期限を曖昧にしない

なんとなくお金は貯めたいけれど、具体的な金額やいつまでに貯めたいという目標設定が曖昧な人がとても多いと感じます。それではいつまで経っても資本主義のお金の好循環ゲームに参加できません。お金が回っているのを指をくわえて見ているだけの人生になります。お金を貯めるには、実際に目標金額を決めて、毎月いくら貯金するというところまで落とし込んで考えなければなりません。人生はシミュレーション通りにはいかないことも多々ありますが、その場合は修正していけばいいだけです。目標達成のためにも、まずは一度計算して大体の感覚をつかんで、今の自分に合った方法で貯金を始めましょう。

●100万円を貯めたい

まずは100万を貯めるには具体的に月々いくら貯めていけばいいか、私と一緒に考えてみましょう。

3年(36か月)で貯めるには100万円を36で割ります。すると毎月2万7777円。月3万円ずつ貯金していくと約3年で100万円貯められます。この金額とペースなら余裕そうですが、ちょっと貯まるのが遅い気もしますね。そういった場合は、ボーナスからいくらかを貯金に振り分けることを考えていきます。

１００万を1年で貯めてしまいたい場合は、１００万円を12か月で割って、大体毎月8万４０００円のペースで貯金します。でも、毎月8万４０００円というのはキツいですよね。そうなると1年で１００万円貯める場合はボーナスから貯金に回す方が良さそうです。たとえば半年ごとのボーナスから10万円ずつを貯金すると、毎月6万７０００円の貯金で1年で１００万円貯めることができます。もしボーナスから20万円ずつ貯金すると毎月5万円で1年で１００万円貯めることができます。

●３００万円を貯めたい

３００万円を均等に5年（60か月）で貯める場合、３００万円を60で割ると月に5万円ずつになります。20代ならちょっと厳しそうですが、30代以降なら未来の自分のためになんとかできそうですね。もし半年ごとにボーナスをもらっているとしたら、ボーナスから10万円ずつ、貯金に振り分けます。そうするとボーナスは5年で10回あるので１００万円になります。残りの２００万円を60で割ると月に約3万４０００円。ボーナスを使うと、月に3万４０００円の貯金で5年で３００万円が貯められます。
次に1年で300万円を貯める場合はどうでしょうか。300万円を12で割ると月25万円を貯金に回す計算になります。これはかなり苦しいですね。強制的に回すと生活ができなくなりそうです。1年で均等に300万円を貯めるのは相当難しいことが分かります。もし年に2回のボーナスから頑張って50万円ずつ貯金に回し、残り200万を12で割っても月に約16万7000円。このことから得られる教訓は300万円貯めるには3年くらいは時間がかかるということです。

貯める目標額を設定し、毎月具体的にどのくらい貯蓄しなければならないかを考えるとできそうなプラン、できなそうなプランがハッキリします。まずはできそうなプランから始め、余裕があればもう少し頑張ってみるというようにやっていくと、早く貯めることができます。強制貯金は実際に使うものではなく、強制的に別口座や定期預金などに入れておくものです。手元のお金がなくなったら、引き出したり、解約したりすればよいので思い切って入れても問題ありません。目安としては収入の3割くらいはやって良いと思います。それで苦しかったら見直して進めていきましょう。

人生はある日突然好転するということはなく、トヨタ自動車の「カイゼン」で地道によくしていくものです。ちなみに金額ですが、私が20代だったら２００万円貯まったらいったんＯＫで、それを確保して以後はお金を増やす方に回します。30代だったら少なくとも３００万円くらいは貯金しておいてほしいところです。

NIKUYO'S ADVICE

ニクヨの愛あるアドバイス

まずは目標額と期間を決めて計画を立てよう。強制貯金は収入の3割を目指して、難しいなら計画を見直してみよう。20代は２００万円、30代は３００万円くらいは預貯金で確保しておきたいところ。

column 1

私だけが使っている「ニューレディー」の肩書

ここまでお読みいただきありがとうございます。

「けっきょくお前は誰やねん!?」と思う方もまだいると思うので、あらためて私の自己紹介をしておきます。経済愛好家の私は、コラムニスト、YouTuber、ショウガール、タレントなどをやりながら生計を立てている「ニューレディー」です。今のところ「ニューレディー」という肩書は日本で私だけが使っている肩書です。なぜなら私が勝手に名乗りだした肩書だからです。

私は世間一般では「ドラァグクイーン」と言われるジャンルの女装でした。ドラァグクイーンの全国大会的なイベント「DIVA JAPAN」で優勝したこともあります。ただ、私自身「クイーン」を自ら名乗るほどではないなという違和感がありました。私が昔から素敵だなと思っていた女性はどちらかというと「クイーン」のようなきらびやかな存在ではなく、淑やかで、賢く、したたかな面も合わせ持った「レディー」という言葉がピッタリの女性だからです。そういえば小さい頃からエリザベス女王よりサッチャー首相に魅かれていました。そういう感じです。せっかく女装をするなら、自分の好きなものに近づきたい。しかしそのまま「レディー」を名乗ってしまうと、大柄だし、厚化粧だし、ちょっと違和感があったんですね。

そこでレディーに「ニュー(新しい)」という形容詞をつけてみたところ、あら不思議、「レディー」としてはちょっと風変わりだけど、「新種なら仕方ないか……」という感じがしてきました。また「ニュー」という形容詞は前向きな意味もあって、少々変わった課題にぶつかっても「ニューレディーだから新しい取り組みをしよう」と自分自身の背中を押すきっかけにもなります。そういったわけで、私は自らを「ニューレディー」と名乗り始めました。

そんなニューレディーの私は、20～40代前半まで、証券会社・銀行・保険会社といった金融機関を渡り歩いてきました。いずれもリテール(個人向け販売)に関わる仕事で、お客様に相場や投資商品の説明をする、販売や販売支援の仕事を20年近くしてきました。

金融機関での仕事を辞めてから5年以上経過した今も、毎日2時間経済ニュースや経済新聞をチェックしています。職業病みたいなもので「どう説明しようかな?」という感覚でインプットしています。だから専門家でなく経済愛好家としてもっとたくさんの人に経済やお金のことを身近に考えてもらえたらうれしいなと思って活動をしています。この本の出版もその一環です。

第2章

【使う】

自己投資にしっかりお金を使うのが正しいお金の消費

お金は人を幸せにする道具。使わないと意味がない

「人生は経営」が一番しっくりくる

いくらお金を貯めても死後の世界には持っていけません。私たちは「使う」ためにお金を貯めたり、増やしたりするのです。お金は使い方を間違えると、人を不幸にもします。第2章ではお金の使い方について、私の考えを述べていきたいと思います。

人生は「長い旅」とか「マラソン」など、色々な「たとえ」があります。どれもそうだなと思ったりするのですが、私が一番しっくりきたたとえは「人生は経営だ」

ということです。自分という資源を与えられて、それを開発していき、利益を出すように運営して、社会に還元しながら生きていく。まさに経営そのものです。

だから色々な判断をする際も「自分株式会社」の社長として判断をすると良いと思います。商品も「自分自身」です。経営者としてはどう開発して、どう売っていくべきか、そのためにはどういう生活や経験をさせておくべきかを考えていきます。

人によって様々な経営戦略があるでしょう。「薄利多売」の戦略もあれば「高付加価値」の戦略もあります。同時に大切な資源である「自分自身」は放っておくと「日に日に劣化していく」のも事実です。あまりに「薄利多売」で働かせ過ぎると劣化が早くなり、割と早く寿命を迎えてしまいます。

だから、そこそこ良いものを食べさせて、しっかり休養も取らせて、劣化を抑えながら長く働いてもらう。そして経験を積ませて、付加価値を上げていく。それが一番社会に還元できて、自分自身も幸せな生き方なのではないかと私は思います。そのための経営判断を日々していくのが人生ではないでしょうか。

長く続く会社が社会から評価されるように、長く生きる人間が尊敬されるのも、継続して自分という人間の経営を行ってきたからであると私は考えます。独身の場合は自分個人の経営者。家族がいる場合は家族全体の経営者という形になると思います。専業主婦（主夫）も、私は立派に家庭を経営をしている人だと思っています。だから、その経験を活かして自信を持って社会へ働きに出られるようになれば良いと思っています。

「自分株式会社」を運営していく

そういう視点に立つと、お金の使い方もおのずと「自分（家族）」という資源を開発し、働かせ続けるために「お金を使う」という考えになってきます。つまり「お金を使うこと（支出）」は自分（家族）を開発し、維持し続けるための「費用（経費）」という概念に変わります。そうすると経営と一緒です。どこに費用と時間をかけて、どう使うか。そこに経営者の腕の見せどころがあります。

ただし「自分株式会社」は従業員も「自分（家族）」です。だから従業員満足度というのも合わせて考えなければなりません。あまりに経営者目線で安く自分を働かせようとすると「従業員である自分」がストライキを起こしたり、無断欠勤をしたりします。また、栄養のあるものを食べさせて、適度な休息を与えないと健康を損い操業が止まります。それって大きな損失ですよね。

NIKUYO'S ADVICE

ニクヨの
愛ある
アドバイス

自分は人生の経営者という自覚を持つと物事の捉え方、人の見方が変わり、それが自分を変えていく。商品は自分で従業員も自分。会社員なら自分株式会社と勤務先の協業（コラボ）という感覚でネ♡

経営目標を定めた方が人生は豊かになる

経営目標は独断と偏見で決めていい

自分を会社にたとえるからには経営目標が大切になってきます。私の場合は家族もいないので「好奇心を大切にして、社会の仕組みや人間社会の実情を可能な限り理解し、咀嚼《そしゃく》して、若い人や同世代の人が生きやすくなるような発信をする」という目標に従って生きています。えらく抽象的だねって思われるかもしれませんが、こんなもんで良いのです。でも決めるのと決めないのでは大違いです。

目標は人それぞれ、家庭それぞれであると思うので、各自、自分や自分の周辺がどうしたら幸せに楽しく生きられるかを考えて決めてください。若い方は人生経験が少ないので、なかなか目標設定が難しいと思いますが、人生の後半でも十分に投資した資金は回収できるので、とりあえず自分に期待して面白い人間になることに注力するのが良いと思います。

経費として説明できるように使う

目標を決めたら、その目標のためにお金を使っていきます。自分を会社として考えるので、支出をする際に一番考えることは「説明責任（アカウンタビリティ）」です。たとえば何か買うにしてもそれは経営目標に沿っているのか?適切な福利厚生費用なのか?資産になるのか?将来的に役に立つのか?そういったことを考えて、後でちゃんと説明できるようにお金を使う意識を持つと良いと思います。

ただそうは言っても、ギチギチに説明するということまでは必要としません。大まかで良いのです。私の場合は自分に甘いところもあり、酒場にふらっと飲みに行くということも、よくしていました。ただその時も出会いや新しい気付きをもらって、自分の価値を上げるため、という目的を常に意識していました。私のこうしたガツガツした姿勢について「無粋・野暮」という意見があるのも承知しています。

ただ「粋」に振る舞うという文化的な消費行動をするのは、正直なところ非常にお金がかかります。お金に余裕のない若い人間がお金を使うなら、目的意識を持つことで、酒場や社交場での文化的なことを吸収する力が大きく変わります。だから、私は「無粋・野暮」は承知で、目的意識を持って、吸収してやろう、勉強してやろうと思って、飲みに行っていました。

また、私はけっこうな量の「ご褒美消費」というものをします。お金を使うのは、何といってもおいしい食べ物。時には10万円以上する椅子を、自分へのご褒美として買ったこともありました。それでも、それが自分に対しての適正な福利厚生費かどうかや、将来仕事のために役に立つか？という説明責任も果たせる範囲で行っています。

NIKUYO'S ADVICE

ニクヨの
愛ある
アドバイス

経営目標は大まかで良いから決めておきたい。仮でも良い。なぜならいつでも修正可能だから。大切なのは目的を考えながらお金を使う習慣をつけること。自分の生き方に合う経営を探っていこう。

私の中のプロフィットセンターとコストセンター

自分株式会社の大事な2部門

会社という組織の運営は大きく二つの部門に分けて考えることが多いです。それは「プロフィットセンター」と「コストセンター」です。プロフィット(profit)という言葉は、「利益」や「収益」という意味を持ち、コスト(cost)というのは「費用」という意味を持ちます。プロフィットセンターとは会社にとって「利益を生み出す部門」を指します。つまり営業部門や営業企画部門、経営戦略部門などを指します。それに対してコストセンターとは会社にとって利益を生まず「コストとなる部門」

を指します。具体的には、総務部や人事部、経理部などの間接部門などです。

自分株式会社の中にも同じような部門があると思うのです。プロフィットセンターはお給料を稼いでくれる仕事に関連した部門、スキルアップして将来的にお給料を上げるような攻めの学習部門、人とのつながりを作りながら自分のアピールをして転職や新たな道を見つける力を養う社交的部門です。コストセンターはお金を獲得することには直接つながらないけれど、一般的に固定費と呼ばれている食事だとか住居だとか通信・交通費用を指します。身体を休めたり自分を労わったりするための福利厚生部門もコストセンターです。

一般的にはプロフィットセンターにお金を集中させた方が、より多くのお金を獲得できるチャンスが増えます。ただ、あまりにコストセンターにお金をかけないと、従業員満足度が下がってプロフィットセンターが頑張ったり活躍できなくなったりするかもしれません。様々なことが起こる可能性のある中で、無尽蔵にお金が入ってくるわけではありません。だから知恵を働かせながら自分という会社をまとめ上げ運営していくのです。

稼ぐ力を上げる自己投資

自分の中のプロフィットセンターである「働く力＝稼ぐ力」を伸ばすには、仕事で必要とされている能力に磨きをかけなければなりません。もちろん仕事を通じてお金を稼ぎながら能力を磨いていくことも可能ですが、プラスアルファで周囲に差をつけるためにはお金を使って学んだり、経験をしたりすることが大切になってきます。それを人は自己投資と言います。

独立行政法人労働政策研究・研修機構の『ユースフル労働統計 2022』によると、日本人の生涯年収（正社員で60歳まで働いた場合、退職金を除く）は大学・大学院卒の男性で約2億6200万円、女性は約2億1200万円、高卒の男性は約2億500

万円、女性は約1億５０００万円とされています。それに対して、資産運用や投資で稼げる金額は、一般人の場合、年利４％程度で運用できれば御の字と言われています。したがって生涯、運用を頑張ってもトータルで数千万円程度ではないでしょうか。

そういった点を踏まえると、「稼ぐ力を伸ばすこと＝自己投資に力を入れること」は資産運用や投資と比較しても合理的な選択であると言えます。お金持ちが自分の子供の教育にお金を使うのも、高い教育を受けて、稼ぐ力をつけてほしいという気持ちの表れです。教育格差や親ガチャなどという言葉を最近よく聞きますが、そういった格差や運の違いを自分で埋めることができるのも自己投資です。親の不作為（してもらえなかったこと）を嘆いている時間は何も産みません。成人した大人だったら、自分自身でそこを埋めていくというのが筋だと私は思っています。

自己投資で一番初めに考えなければならないこと

「自己投資」というと何かすごい能力開発や学校に通うということを考えてしまい

ますが、私はもっと手軽なものだと思っています。でも方法についての話をする前に、何が一番大事かというと「時間の確保」です。働く人にとって、いや、全ての人にとって時間って本当に大切です。その中からまずは自分のための時間を確保しましょう。

私は若い頃、会社や仕事帰りによく喫茶店やファミリーレストラン（ファミレス）に立ち寄ることにしていました。家に帰ると何もできないタイプの人間だからです。昔から家で勉強をするのが苦手で図書館や当時通っていた塾の自習室で済ませてから、家に帰っていました。誰もいないところで人知れず努力する方がカッコイイとは思うのですが、私は人前でないと努力ができないタイプなんです（笑）。

喫茶店やファミレスは今風に言うと、私にとってのサードプレイス（家でも職場でもない第三の場所）でした。そこに座って一日の仕事を振り返ったり、読書をしたり、資格試験がある場合は勉強もしていました。今はコワーキングスペースという気の利いた施設が充実してきたので、そういう所を活用するのも良いかもしれませんね。私もこの本の原稿をコワーキングスペースで書いています。

ただ、ご家族やお子さんがいるとそういうわけにいきませんよね。夕方から夜の入り口はご家庭のある人にとって１分１秒も無駄にできない時間帯です。そういった場合は夕方から夜の時間確保はあきらめて、朝早い時間を有効活用するというのが良いと思います。私は朝が苦手なので、試験前や試験当日などに限定的にやっていましたが、ご家庭のある人などは夜早く寝て、朝早く起きて自分の時間を確保するというのはかなり有効です。

一人の時間と場所を確保できたら

一人の時間と場所を確保できたら、８割方勝ったようなものです。そのための支出は十分に価値のある費用ということになります。だからこの費用は絶対にケチらないでください。確保したら、自分の価値を上げるための時間に使いましょう。詳しくは「稼ぐ」の章で書きますが、一人で自分を振り返ったり、先のことを考えたりする時間を確保することで、人生は変わります。

一人の時間を大切にすることで、誰かといる時間がより素敵になります。そして一人の時間を大事にすると、周りの人の一人の時間も大切にしてあげられるようになります。そういう風に考えていくと無駄な付き合いというのが減っていきます。人生というのは自分一人で何を考え、何を行ったかの積み重ねだと私は考えています。

NIKUYO'S ADVICE

ニクヨの愛あるアドバイス

自己投資をするなら、まずは時間の確保から。一人で振り返る時間を持つことで、現在・過去・未来の迷い道も道筋が見えてくる。一人で考えて、一人で決め、実践する。それで人生は形作られる。

自己投資をする際は自分の時間を安売りしない

自己投資で何をしたらいいかわからない時は……

自己投資をして、自分の価値を上げることにお金を使った方が「お金を増やす」ために良いことは何となくわかっていただけたと思いますが、はたして何にお金と時間を割けば良いのかがわからない人が多いと思います。

既に何をやれば良いかわかっている人は迷わずそれをやりましょう。今は動画やオンラインで様々なことを学ぶことができるようになりました。リーズナブルで続けやすいですね。

何に自己投資をしたら良いかわからない人は、働いているなら今の業務の問題点や改善方法を考えて書き出してみる、そしてできる範囲で実行することから始めてみると良いと思います。これをやるだけで仕事の質が上がり、出世のチャンスが増えます。社内で資格試験や昇進試験があるなら、チャレンジするのも良いでしょう。私が働いている人に常に言って回りたいのは、自分の時間を安売りしないで、時間に余裕を持ち、その時間にもっと自己投資しようよ！ということです。

時間当たりの労働単価を上げることは、自分株式会社の社長としても、会社員としても絶対に考えなければなりません。今の会社で給料が上がらない場合も、資格取得や昇進をしておけば転職の際、有利になります。そうして業務の振り返りや改善、昇進試験や資格の勉強に取り組んだ結果としての利益をダイレクトに感じましょう。こんなことを言うと、私のことを上昇志向の強いガツガツした人間に思うかもしれません。しかし時間当たりの単価を上げて、出世していく心持ちで働くことは上昇志向云々ではなく、そうでないとあなたの仕事がなくなるかもしれないからです。なくならないにせよ、他のやる気のある人に替えられるか、世界がつながってしまった今、他の国の若くてやる気のある人に替えられる可能性もあります。競争力のある人材として働くことは、自分も仕事も守る上で大切な考え方です。

もし今現在働いていない人、今の仕事が一時的なものと考えている人は匿名で、ブログを書いてみることをおススメします。活字で今考えていることを視覚化すると自分でも気がつかなかった自分に出会えます。X（旧Twitter）やインスタグラムだと少し文字量が少ないので、私はブログやnoteが良いと思います。誰かに見られるかもしれないという緊張感も適度な自律性につながります。実は私も20代終わりぐらいからブログを書いていて、それがきっかけでライターとしての連載が決まりました。文字にして誰かに見せるということは自分客観視の一番のトレーニングになります。ぜひやってみてください。

NIKUYO'S ADVICE

ニクヨの愛あるアドバイス

働く際は自分の時間を安売りせず、時間単価の上昇や出世を目指す。競争力のある人になれば仕事と自分を守ることもできる。何をするかまだ決まらない人は匿名ブログで自分の考えを吐き出して。

20代は集中的に自己投資。30代以降はコスパとアップデート重視で

自分の吸収力に合わせて無理なく

ここまでは自己投資の必要性とそのための準備についてお話ししてきましたが、ではいったいどのくらいの費用を自己投資にかければ良いのでしょうか。私の考えでは20代ならば何があっても暮らしていける半年分の生活費を貯金で確保した上で、あとは貯金や投資などにお金を使わずに、全部自分に投資しても良いと思っています。

私は48歳の今でも自己投資と思って、いろんなことに取り組むようにしていますが、40代になってからの吸収力と20代の頃の吸収力を比較すると、やはり圧倒的に

20代の方が効率が良いです。老眼もあり、はっきり物が見えず、音もよく聴こえず、気力も体力も衰えます。まさにフィジカル要因です。なので、大きな自己投資をするならやはり若いうちです。

30代・40代以降はコスパ重視で自分に合った方法を探り探りやっていきましょう。老後のため、徐々に資産形成をしなければいけない時期に入ってきますし、家庭をお持ちの人は教育費なども重くなってくる世代です。新しいことに投資をするというよりは、今までの経験や勉強してきた内容をアップデートして、ブラッシュアップしていくというスタンスで取り組むと、コスパ良く自己投資できます。

一番コスパの良い知識のアップデート方法は読書

知識のアップデートという観点で一番コスパが良いのは読書です。本は、今私も鬼の形相で必死になって書いていますが、著者の脳に入っている全ての知識、いわば〝脳汁〟が凝縮されたものなのです。書くことはものすごく時間と労力がかかります。それが読書ならわずか数時間〜半日くらいで、それを吸収できるのです。高くても2000円以内で買える本が多いですし、図書館で借りたり、中古本などを活用すればコストを抑えることができます。この本はできれば新刊で買ってほしいですが(笑)、やらない手はないでしょう。

読書を稼ぐ力につなげるなら、まず自分が働いている業界の先輩にあたる人の本を読んだり、業界研究本を読んだりすると良いと思います。私は20代の頃から金融系の会社で営業系の仕事をしていたので、営業や接客系の本をたくさん読んできました。すぐに役立つものもあれば、そうでもないものもあったりします。でもビビッときたものはすぐに買いました。何冊か読むと共通している事項が必ずあります。そういったポイントは普遍的なものなので、重点的に身に付けるようにしました。

NIKUYO'S ADVICE

ニクヨの愛あるアドバイス

読書は一番手っ取り早く濃密な学習ができる方法。2000円以内で著者の脳汁がつまった何年分かのノウハウを知ることができるのだから、本代はケチらずビビビときたら即購入。

一人で勉強する以外の楽しい自己投資

割高ランチも元が取れる

自己投資のために一人の時間が大切だということを語ってきた私ですが、自分一人だけで取り組んでいると、時に独りよがりになって、自己投資の内容が偏ってしまうことがあります。そういう意味で、適切なアドバイスをしてくれる先輩や上司というのはとてもありがたい存在です。もしお昼に一緒に行ける環境や関係性なら、たまには一緒に行くのも悪くはありません。

丸の内で働いていた時、ランチを外で食べると1500円くらいしました。でも仕事で抜けられない時以外はなるべく、上司や同僚とランチを一緒にするようにしていました。私の上司は食後に必ずコーヒーを飲んだので、合わせるとランチだけで1回2000円くらいの出費になりました。高いですよね（笑）。1か月の出社が大体20日ですから、月に4万円のランチ代です。

ケチな肉乃小路ニクヨがどうしてこのお金を払ったのかというと、ランチをしながら、業界の動向や、仕事のフィードバック、当時の私があまり持ち合わせていなかった社会人のマナーなどを教わることができたからです。さらに上司との関係も密になり、午後からの仕事もしやすくなり、評価や評定にも影響しました。それによって私は給与が上がり、昇進し、業界の知識や転職情報を得て、条件の良い会社に転職もできたのです。

これは今の時代だと古い感覚になるかもしれませんね。勤務時間外で仕事のことを考えたくないという意見もあるでしょう。だけど、組織はＡＩや機械が動かしているのではありません。人間です。属人的な仕事のスキルや業界のノウハウが今よりも公開されていない時代だったので、私はお金を使ってそれを取りに行っていたのです。

そのおかげで昇進して、良い条件の会社に転職もできたので、割高なランチの費用の元は取れたと思っています。また昼間にしっかりと関係を築けていたので、夜は飲み会などにそこまでお付き合いをしなくて済みました。もっともこれは私が残業をたくさんしていたので、時間が合わなかったというのもありますが（笑）。有用な情報にアクセスする機会にお金を使うことも立派な自己投資であると私は思っています。

旅も有意義な自己投資

旅行はレジャーであって、「自分株式会社」の福利厚生費なのではないかと思っている人も多いと思います。旅行の目的というのは日常から離れて非日常を体験することです。それによって気分がリフレッシュされたり、癒やされたりする。だから自分のメンテナンスのための費用で、コストセンターの部分なのでは？という考え方もあるでしょう。

しかし旅は立派な自己投資です。人間というのは日常に留まっていると思考停止に陥ります。日々の仕事や家事に追われていると、近視眼的に物事を考えがちになってしまいますが、旅をして非日常を経験することで、日常を俯瞰《ふかん》することができるようになります。そうすると日常に埋もれていた気付きや改善策を発見することができるようになります。

気付きと自己変容（チェンジ）というのは自己投資の大きな目的の一つです。また訪ねた先で得た知見は会社の同僚や取引先との話のネタにもなりますし、それがきっかけで意外な縁が生まれたりします。だから私は旅行を福利厚生だと思わず、自己投資だと思ってやってきました。もちろんそこで得るものがなければ自己投資にはなりませんから、旅行という意識よりもフィールドワーク（現地での実態に即した調査・研究）という意識を持って旅行をしていました。

そうすると旅に快適な環境を求めていくというよりも、現地（ローカル）の人々の生活に近い旅行に魅力を感じるようになります。

たとえばAirbnbという民泊サイトで現地のコンドミニアムを借りて、スーパーで買い物をしながら、暮らすようにその街に溶けこむ旅です。旅なのにそんな日常っぽいことをするの？という考えもあるかもしれませんが、日常に近い分、今の自分の状況と比較しやすいので、気付きがとても多く、取り入れてみようと思うこともたくさん出てきます。まさに「非日常」ではなく「異日常」です。こういった旅を体験することは日常に埋もれた自分に新たな気付きを与えてくれます。そう考えると、旅も立派な自己投資になりますよね。

飲み会も自己投資？

では友達と飲みに行ったり、同僚と飲みに行ったりするのは自己投資と言えるでしょうか？私はそこは慎重です。経験上お酒を伴う飲食の席は愚痴と悪口のオンパレードです。仲が良かったり関係性が深かったりする故かもしれませんが、それは正直なところ、自己投資とは呼べません。なので、コストセンター部門の出費と考えます。自腹の飲み会の席はリーズナブルな値段のお店で、息抜き・ガス抜きといった意味合いの福利厚生の一環だと思って参加するのが良いでしょう。回数も最低限で良いと思います。

会社のお金で行く、お酒を伴う飲食の機会は完全に仕事だと思って対応してください。接待はもちろん、会社主催のイベントも、私は仕事の一環だと考えて参加をした方が良いと思っています。イマドキの人はそれも個人の自由時間の干渉と捉えるのかもしれませんが、会社の中で普段話さない人と話す機会にもなりますし、参加して顔を広げておいた方が、圧倒的に社内での仕事がしやすくなります。

会社としても、社内の交流促進といった意図を持ってやっているはずなので、その機会を活かして、しっかり交流しましょう。でも自腹の二次会や三次会に出る必要はありません。二次会以降は参加者のお酒もすすみ自己投資につながるような時間になることが少ないからです。金融機関で働いていた時に私と仲の良かった同僚たちは、一次会が終わると、いかにナチュラルに二次会に行きたがる上司を撒くかを考えていました。それはもう「くノ一（女忍者）」のような素早さでした。

セミナー・推し活は自己投資？

現代では人々の宗教に関するウエイトが下がり、その分インフルエンサーやアイドルという存在がクローズアップされてきています。その人を応援したり、影響を受けたりするために、セミナーやライブやオフ会やファンミーティングに足繁く通う人も多いでしょう。人によって価値観は異なるのかもしれませんが、この点についても自らを自分株式会社の経営者という視点で判断すると、

・将来的に自分の価値を高めるセミナー↓自己投資
・ライブ・オフ会・ファンミーティングなどの推し活↓福利厚生費

と考えてください。自己投資についてはプロフィットセンター案件ですので、ある程度までお金を出して良いと思います。私は10万円くらいのセミナーも自腹で行ったことがありますが、経験としても、考え方にしても、お金を払った体験価値はあったと思います。それに対して、ライブやオフ会やファンミーティングなどは投資ではなく、消費です。消費に関してはコストセンター案件になります。

けれども現代社会において、推し活は癒やしや救いであり、福利厚生費の一環にもなります。そうなると自分株式会社の費用に該当しますが、コストセンター案件

なので推し活はとにかくコスパ重視で考えた方が良いと思います。その方が長く応援もできるし、のめりこみ過ぎることもないので、周りにも迷惑をかけません。当たり前のことのようですが、意外とこの線引きをしっかりできていない人が多く、推し活で人生を詰んでしまいそうな人もチラホラ見かけるので書いておきました。

コスト意識を守った上で、その時間だけは目一杯楽しむというのが令和流の推し活なのではないかと私は考えます。

NIKUYO'S ADVICE

ニクヨの愛あるアドバイス

旅行は「非日常」だけでなく「異日常」を体験できる機会なので立派な自己投資。他にもキャリアアップにつながる情報収集の場も自己投資。推し活や飲み会は福利厚生費なのでコスト意識を持つこと。

コスパよくお洒落な身だしなみの整え方

仕事着はコストセンターの必要経費

世の中にはその品（ステータスのあるもの）を持っていないとコミュニティに入っていけないという世界が確実にあります。私は『ワーキング・ガール』という映画が好きなのですが、その映画の中ではブリーフケースやシャネルのスーツというのが、コミュニティにアクセスするのに必要な持ち物として出てきました。

私自身は外資系金融企業のマネージャーになりましたが、エグゼクティブ（上級管理職）まではいかなかったので、こういった所有物などの差でアクセスできるコミュニティが変わるという体験はほとんどありませんでした。金融系の会社ではダークスーツに黒いカバン、靴とソックス、白いワイシャツにレジメンタルタイを制服のような感じで着ていました。あくまでも制服という認識で着用していたので、高過ぎず、安過ぎずという感じで必要経費という観点で買っていました。

学生の頃は知らず、社会人になってから気が付いて良いなと思ったのは、百貨店で行われる紳士服大市です。私は松屋銀座の紳士服大市をよく活用していたのですが、手ごろな値段で量販店にはない洒落たものがありました。

とはいえ仕事着はコミュニティにアクセスするための必要経費ではありますが、それで評価がうんと変わるわけではありません。あくまでもコストセンターの部門の出費です。

清潔感重視のビジネスカジュアル

女性の衣服にこういったビジネス仕様の販売会があるのかはわかりませんが、セールなどを上手く活用して、コストパフォーマンスよく仕事着をそろえると良いと思います。私だったら、流行りに関係ないクラシックでシンプルなデザインのものをバーゲンで買って翌シーズン以降も長く着ます。

最近ではフォーマルよりもビジネスカジュアル重視に社会が変容していっていますが、何を着ても良いというわけではなく、清潔感重視でどちらかというと保守的なスタイルが求められています。保守的とは言っても、毎回同じような服を着るというわけにもいきません。今はスタイリストさんが選んでくれる洋服のサブスクのサービスがあるので、思い切ってそれを活用してみるのも賢い消費だと思います。

ちなみに私は女装をする時、シンプルなスーツやワンピースにスカーフでアクセントをつけることが多いです。それはサラリーマン時代にネクタイでアクセントをつけていた習慣から来ていると自覚しています。女性にとってもスカーフは同じようにアクセントとなって、イメージを変えることのできる便利なアイテムです。冷房が効き過ぎるシーンや冬場も意外と冷えを防いでくれるので、おススメです。

普段着はユニクロやGUなどのファストファッションで十分じゃないかと思います。お洒落をしたかったらメルカリや古着屋で調達。普段着こそビジネスシーン以上にコスパが求められると思うので、割り切ってしまっていいと思います。もちろん昔の恋愛ドラマのように、玉の輿に乗るための合コンに出まくるというのならば、普段着やデート着というのも投資になるのかもしれませんが、最近の風潮を見るとそういった感じの出会いは極端に減っています。男女のデートでも割り勘が増えているとのことで、令和の今は背伸びした自分を見せるのではなく、等身大の自分で付き合った方が上手くいくという時代になりました。

NIKUYO'S ADVICE

ニクヨの愛あるアドバイス

服飾費は必要経費。サブスクや古着、セールを活用してリーズナブルに。ただケチり過ぎると足もとを見られるので、清潔感とクラシックさを大切に、ユニクロ以上の品質は確保したい。

お金を増やす最終手段は「健康維持」

服装にお金をかけるよりも大切なこと

男性も女性も洋服よりもお金をかけるべきは体型（スタイル）の維持です。アルマーニのTシャツを着たぽっちゃりさんと、ユニクロのTシャツを着たスタイルの良い人。好印象を得るのはどちらでしょうか？答えは明確ですよね。

また、スタイルの維持は食生活や運動にも影響のある分野です。良いものを食べて、適度に運動をする習慣についてはウェルネス（健康維持）という意味においても大切です。スタイルの維持は自身のコンディショニングにつながり、生産性にも影響を与えるので、プロフィットセンターの支出であると私は考えます。健康で生産性の高い自分であれば、必然的にお金を増やしていくことにつながります。

特に30代以降、コンディショニングというのは仕事をする上で大切な考え方になってきます。健康を維持し体型も維持して長く活躍し続けるためのアンチエイジング(老化防止)は、十分にお金をかけるべき分野となります。

私が気を付けているのは野菜とたんぱく質を十分に摂り、足りない栄養素はサプリできっちり補うことです。運動は極寒・酷暑の時季を除いては毎日1万歩を目指して歩いています。それでも年齢にはなかなか抗えず、いろいろとボロが出てきていますが、やらないよりはマシと思って、時間やお金をかけ続けています。

時計や車・貴金属を買う時には

最近はアンティークの時計が流行っているようで、ブランドものの時計が資産として買われたりしているようですね。また、車についても、高級な外車などは価値が上がって、上手く売却できると利益を得られるようです。それ以外にもトレーディングカードやアンティークコインなど、商品そのものの機能や価値というよりも、コレクター心を揺さぶる資産としての価値を見出されるものが出てきています。

ただ、自分を会社のように考えると、こうした資産が会社に役立つか？というと、そうではないと私は思います。

貴金属の類いも、可愛くて綺麗だったら、イミテーションでもガラスでも、十分です。ホンモノは輝きが違うよ！と言う方もいると思います。そうなのかもしれませんが、ニューレディーとしてスポットライトを浴びる仕事を長年やっていると、光のあて方で輝きが変わるのを知っているので、それほど気になりません。


こういった高級品を資産投資と考えて購入することは正直なところ庶民がおいそれと手出しすることではなく、趣味やライフワークの一環として行う「金持ちの道楽」だと考えてください。ただしＳＮＳ時代の今、高級品の購入が昔よりも可視化されやすいので、それに影響を受けて欲しくなる人も出てきてしまいます。

でも落ち着いて考えてください。ＳＮＳで見た高級車一台買うお金で、その指輪一つ買うお金で、何冊本が買える？何回英会話スクールに通える？何回旅行に行ける？と自分に問いかけてみましょう。私はお金を使うなら、自己投資に使いたかったので、高級なコレクターアイテム的なものは今までほとんど買ったことがありません。

これは小さい頃から母親に「格好１００点、中身０点の人間になるな！」と言われ続けたことも影響していると思います。今はさらに発展して「自分がブランドだから、モノの力に頼らない」という結論に達しました。あなた自身が輝いていれば、天然ダイヤでなくてもキュービックジルコニア（人工ダイヤ）で十分輝きます。

NIKUYO'S ADVICE

ニクヨの愛あるアドバイス

ＳＮＳなどにあふれている高級品が自己投資や「自分株式会社」に役立つかどうか、冷静に考えてみて。

人生最大の買い物になるかもしれない不動産について

不動産は買ってからもお金がかかる

不動産の購入は価値観によって考えが分かれますよね。私自身はゲイで結婚もしていないし子供もいないので、家を買っても継いでくれる人はいません。売却するにしても大変そうだし、ということで家は買いませんでした。ずっと賃貸です。たしかに30代でマンションを買っていたら、今頃値段は上がっているだろうなとも思うのですが、買っていたら40代でフリーランスになろうとは思わなかったですし、会社もきっと辞めていない別の人生だったでしょう。

家というのは、持つとやはりどうしてもそこに縛られてしまうものなのです。地に足着けて根をおろして生きていくのが人間の生活だよと言われたらそうかもしれないとも思いますが、終の棲家に落ち着くまでは、色々なところで暮らしてみたいと思う私です。

インターネットの世界がクラウド（空に浮かぶ雲のようにデータなどが手元になくてもどこからでもアクセスできる状態）への移行が加速している今、住まいや生き方もクラウド化していくのではないかと私は思っています。そしてシェアリングエコノミーの進化を見ていると、賃貸や共有という概念がこれからもっと意味を持っていくことが予想されます。そう考えるとお金をある程度持っていれば、住居はなんとかなるのではないかと考えているんです。

高齢者になったら賃貸物件を探すのは大変だと言いますが、もうじき日本は多死社会になり人口も減っていきます。人口が減る中で高齢者も大事な借り手となっていくでしょう。これだけインターネットが発達していれば、地方に移住しても都会と近い暮らしはできますし、地方都市ではさらに高齢化が進んでいて、手ごろな物件が空き家になるでしょう。なので、老後に賃貸の物件で暮らすことを私は心配していません。

選択肢を残しながら不動産を購入するなら

今まで述べた理由から、個人的には賃貸派ですが、不動産購入は、多くの人にとって失敗したくない重要なイベントなのも事実です。なので、もし私が不動産を購入するなら、という視点でお話ししたいと思います。

不動産を買うにあたって、この先の選択肢をいろいろ残しておきたいという場合、少々高くて手狭でも利便性の高い、売却しやすい物件（主に都市部のマンション）を購入した方が良いと思います。

ちなみに2023年7月の首都圏（1都3県）の新築マンションの平均価格は9940万円と高額になっています。さらに東京23区に限っていうと、平均価格は1億

3340万円です。一時に比べると相場が上がっています。〝バブル期〟と呼ばれる1990年代の首都圏全体の新築マンション価格の平均額は6000万円超でしたから、価格的にはバブル期よりも高い水準にあります。一方、国際間で比較すると、東京の不動産価格はまだ割安とも言われています。最近では円安がその傾向を強めています。

都市というのは、世界中でその不動産価値が高まっている傾向にあります。アクセスのしやすさや、出会いや交流やチャンスが集中しているからです。ネットが普及しても、コロナ禍でも、大都市への人口の集中というのは世界的に止められなかったのです。おそらくこれから先も都市には人が流入し続けるでしょう。だから、この状況下で買える余裕のある人は利便性の高い都会の物件であれば買ってしまって良いと思います。今は金利も低いですし、住宅ローン減税もあります。住宅ローンを組める人なら買っても良いでしょう。ただし住宅ローンや税金や修繕積立金などの毎月の支払いが、月収の3割くらいに収まる物件が良いと思います。

不動産のメンテナンス出費はあなどれない

ご注意いただきたいのは、マンションも一戸建ても将来的に転売するのであれば、メンテナンスが大事であるということです。そういった意味で中古でも新築でも修繕積立金や共益費が安過ぎない物件で、適切にメンテナンスをされているかということは必ずチェックしてください。物件によっては管理組合の議事録なんかも見られるところもあるようです。そこまで細かくとは言いませんが、不動産屋などからメンテナンス状況や管理組合の財政状況（大規模修繕に備えた十分な修繕積立金が準備されているかなど）については詳しく聞いておいた方が良いと思います。

都市部以外の住宅については月の返済が収入の3割以内だったら、ご自由にお好きな不動産をどうぞという感じです。一つアドバイスをするなら、家というのは消耗品であるということ。だから、購入時点で高いと思う住宅メーカーの作る家でも、メンテナンスや保証という点を考えると、壊れにくくて、維持しやすい点は大きなメリットだと思います。あと、酷暑の時季が長くなっていますから、気密性を高め、二重窓や断熱材で外気をシャットアウトするのは、電気代と暮らしやすさの両面において、必須であるとは思います。

NIKUYO'S ADVICE

ニクヨの愛あるアドバイス

買うにしても借りるにしても、住居費は収入の3割以内に。買うと資産価値維持のメンテナンス費用がかかる。賃貸は、今後空き家の増加が予想されるので高齢者でも借りたり、買えたりする物件はある。

みんなが気になる！住宅ローンは変動、固定、どっちがいい？

金利の仕組み

住宅ローン金利については変動か固定かということがよく聞かれます。変動金利型は短期プライムレートと呼ばれる金利を基準としています。「短期」とは1年以内、「プライム」とは最優遇という意味です。これは日本銀行の政策金利に影響を受けます。固定金利型は国債市場で取引される10年ものの国債（長期金利）の利回りを基準として金利が決定されます。

つい最近（2023年7月）日本銀行がYCC（イールド・カーブ・コントロール）という政策を見直しました。今までは10年ものの国債（長期金利）を意図的に低く抑えるという政策だったのですが、これを少し見直したので、長期金利がちょっと上がりました。それに伴って固定金利型の住宅ローン金利も上がりました。

世の中では「インフレが始まる！」と言われているし、そうすると金利が上がっていくから固定金利型の方が良い？とも思いますよね。でも、日本の経済の需要不足というのは少子高齢化などもあり、まだまだけっこう深刻です。そういった意味でいうと短期金利の政策金利を上げるのはなかなか難しいとも言われています。金利を上げるとお金を借りるコストが上がるので、会社も個人もお金を借りて、投資や消費活動をすることを控えるようになるからです。そうすると需要が不足し、景気が抑えられてしまいます。日本は金利をすごく低い状態にしておかないと、すぐに経済活動が停滞し、景気悪化を招きやすい国になってしまったのです。

ということで、私個人の選択だったら、変動金利型を選びます。ただ、何が起こるかわからない時代、インフレが急に激しくなって、政策金利が上がるかもしれません。そういうことがあったら怖いと考える人は、保険料だと思ってやや割高でも固定金利型を選ぶと良いでしょう。

不動産は基本的には長期保有でメリットがある

不動産というのは自分の代だけでなく、子や孫の世代まで持って、強くメリットを感じる資産です。不動産を持っているお金持ちは、先祖代々不動産を手放さずに買い足して、所有していることが多いですよね。「児孫のために美田を買わず」という西郷隆盛の言葉がありますが、裏を返せば子孫に立派な田んぼ(不動産)を残すと儲かって、子孫が勤勉にならなくなるから残すなということです。不動産というものはそういうものです。ただ、近年は家制度が変わり、核家族化やおひとり様増加の時代になって、代々所有(使用)することで恩恵を受けられるメリットは小さくなってきました。

特に独身だと持て余してしまいそうだったり、売却するにもエネルギーが必要だったりするので、私は不動産ではない別の資産を持つことを選びました。また良かれと思って残した不動産が子の負担になってしまうケースもあります。最近の空き家増加問題もその一つです。だから買う時は慎重になった方が良いと思います。特にフリーランスや自営業の場合は、家賃をいくらか経費に算入できるというメリットもあるので購入は慎重に考えた方が良いと思います。

NIKUYO'S ADVICE

ニクヨの愛あるアドバイス

住宅ローンは金利が上がらないと思うなら変動金利。上がりそうと思うなら固定金利。私なら日本の経済状況を考えると変動を選ぶ。不動産は何代も保持(使用)するとメリットが大きい資産。独身や核家族の購入は慎重に。

節約よりも自分の機嫌を大切にしてお金を使う

無理な我慢はしなくていい

お金を「使う」章の最後にお伝えしたいこと、それは光熱費の節約や、コンビニ利用禁止とか、コストセンター的な固定費を抑えるのも大切ですが、それで我慢ばかりの生活を強いられるなら、やらない方が良いということです。

私は節約がニガテ分野で、小さい頃から電気つけっぱなし（電気代）、ドア開けっぱなし（空調代）で、親にさんざん叱られ続けてきました。

でも、そんな私でもお金は貯められました。なぜかというとありがたいことに、電気代をはじめとする水道光熱費は実はそんなに高くないからです。昨今、世界情勢の影響もあって、特に光熱費は上がっていますが、それでも家電の省エネ化（LED照明やエアコンなど）が進んでいます。無駄遣いしろとは言いませんが、無理に我慢して頑張ったところで、一日数百円、月に数千円という違いだったら「快適」を重視した生活の方が良いと思います。その「快適さ」によって仕事のパフォーマンスが上がれば、給料は上がりますし、心や体力にも余裕が出てきます。

また、多くの都市生活者にとって生活になくてはならないと言われているコンビニは、行くと無駄使いすると言われがちです。でも、私も例にもれず毎日コンビニに行きます。仕事場（コワーキングスペース）に飲み物（コーヒーなど）はあるので、それに入れる豆乳（ソイラテを作る）とトマトジュースを必ず買いますし、ちょっとつまめるお菓子も買ってしまいます。節約上手さんだったら、スーパーや通販でお得にまとめ買いをして、持っていく方法があるのかもしれません。

でも私は職場に行く途中でコンビニに寄って、買い物をするのが楽しく、良いリズムにもなるので毎日行きます。職場と家の中間地点にコンビニがあるので、暑い日はちょっと涼んで、寒い日はちょっと温まって気分を上げます。毎日少なくとも500円は使っているので毎月1万5000円近く、コンビニで消費しています。

でも、それで職場に行くのが楽しくなるなら、安いものではないでしょうか。いわゆる自分になくてはならないルーティンというやつです。ルーティンをやらず仕事が嫌になって、仕事をしなくなる方が損失です。ストレスが多い世の中で、自分で自分の機嫌をとって、にこやかに日々を送ることは現代人にとって必須のスキルです。自分の機嫌をとるためにお金を使って、仕事を頑張って給料を上げていけば、それにかかる数百円から数万円単位の費用は回収できます。いや、回収する気概で働いた方が絶対に楽しいですよ。だから、私は節約よりも快適さを重視しながら生きています。

NIKUYO'S ADVICE

ニクヨの愛あるアドバイス

細々した節約はやってもいいけど、ストレスになるしプライオリティも低い。快適さや自分の機嫌を重視する方が、トータルで考えるとお金は貯まる。良い状態の自分をキープすると様々なチャレンジも可能。

手取り月給別
ニクヨ的支出シミュレーション

何にいくら使うかを考えてみる

最後に世代と手取り月給別に、価値あるお金の使い方についてお話しします。

●独身20代、実家住まいの場合

手取り…月20万円
実家への入金…6万円
貯金…4万円

交通費…2万円
食費（交際費）…5万円
衣服費・美容費…2万円
サブスク（書籍・音楽・動画）…5千円
通信費…3千円
医療保険…2千円

ボーナス…全て旅行費用へ

まずは実家に住まわせてもらえていることを親に感謝。実家に手取りの3割は高い？と思うけれど、水道光熱費込み・食費の一部だと思うと安いものです。6万円くらいは実家に入れていいと思います。そして私だったら、4万円を給料日にすぐ別口座か定期預金に移して残りの金額でやりくりします。

交通費は会社の定期を含めて余裕を持って2万円。フットワークは軽く行きましょう。食費（交際費）は20代ということで、出会いを求める機会も必要かと思うので5万円くらい。その代わり20代はきっちり自己投資、自己研鑽を。お年頃なので、美容費と衣服費は月に2万円確保。身だしなみを整えるのも社会人のマナーです。

毎月買わなくても、バーゲンまで貯めて買うのも良し。サブスク関係には5千円。5千円あれば、音楽も動画も書籍も見放題です。通信費は3千円。自宅にwi-fiがあれば、自分が使う分は格安プランで十分です。医療保険に2千円。若いので掛け捨てで十分。健康に自信があるなら、無理して入らなくても良いとは思うけど、入っていた方が思い切り活動ができるので、私だったら入ります。あと、20代後半になってくると友人の結婚式も続くことがありますね。ご祝儀は貯金から崩していきます。ただ、本当に友達なのかは見極めて出席した方がいいです。

そしてボーナスをもらえるとしたら、私だったら全部旅行費用に突っ込みます。年に2回、旅行に行っていいインプットを得て、自分を成長させましょう。

●独身30代、一人暮らしの場合

手取り…月30万円
住居費…9万円
水道光熱費…2万円
貯金（投資）…6万円
交通費…3万円
食費（交際費）…6万円
衣服費／美容費…1万5千円
健康維持費…1万円
サブスク（書籍・音楽・動画）…5千円
通信費…8千円
医療保険…2千円

ボーナス…半分を貯金（日頃のお小遣いの補塡）、半分を旅行費用に住居費は手取りの3割以内ということで9万円まで。水道光熱費は余裕をもって2万円。夏も冬もエアコン代をケチったら、健康を維持できません。

そして30代になったら、そろそろ本格的にお金を貯めてほしいので、私だったら6万円を別口座か定期預金に移します。もし20代から貯金を続けていて、300万円以上貯金があるなら、全額を投資に回していいと思います。つみたてＮＩＳＡとｉＤｅＣｏの枠を目一杯使い、残りは積立投資信託に入れます。

交通費は会社の定期を含めて余裕を持って3万円まで。タクシーを使う場面が出てきてもいい年代です。食費は6万円くらい。家事テクニックも上がっていると仮定して、自炊を増やして健康と節約を両立しましょう。

美容費と衣服費は月に1万5千円。20代からの社会人生活で服はあると思うので、毎月使わずに貯めて、これは！というお洒落な服を買い足していくといいですね。衣服のサブスクも活用してみると手持ちの服が生きてきます。

健康維持費ですが、そろそろ体調管理が気になるお年頃です。私はスポーツジムやサプリメントなどにお金を使っていました。サブスク関係には前述しましたが見放題5千円。通信費が8千円。内訳がスマホの格安プラン＋自宅の光回線費用。医療保険は20代同様、2千円の掛け捨てで十分です。

ボーナスは半分を旅行に、もう半分は純粋な貯金に。30代になると急な出費も増えますから、普通預金にも余裕を持たせましょう。

●30代、子供なしのダブルインカム夫婦の場合

世帯年収…1000万円
夫婦手取り…月60万円
住居費…15万円
水道光熱費…2万5千円
貯金（投資）…18万円
交通費…6万円
食費（外食含む）…10万円
衣服費／美容費…4万円

健康維持費…2万円
サブスク（書籍・音楽・動画）…5千円
通信費…1万1千円
医療保険（二人分医療保障厚め）…9千円

ボーナス…半分を貯金（日頃のお小遣いや大きい買い物のため）、
　　　　もう半分を旅行費用に

結婚というのはコスパが良いものです。だから私はお金がないから結婚できないというのは不思議だなと実は思っています。もちろん、その後の子育てなどのことを考えてためらう人が多いからだと思いますが、意外と公的な扶助があったり、家族（親）からの援助も独身でいるよりも結婚した方が受けやすくなったりするのも事実です。こういったメリットを考えると結婚に踏み切る人は増えるのではないかと思います。

住居費については、一人だと収入の3分の1程度が目安ですが、二人だともう少し抑えることができます。仲良しなら1LDK、生活時間帯がズレる、または一人の時間を確保したいなら2DK。15万円払えば東京23区内でも、なんとかギリギリいけるのではないでしょうか。部屋が広くなる分、水道・光熱費は余裕を持って2万5千円。その代わりサブスク費用や通信費などは安くなりますね。

交通費は大人二人が余裕を持ってそれぞれ3万円。地方都市だと住居費が安くなる分を交通費に足して自動車に乗っても良いですね。食費は週に1回お安めのスーパーに買い出し。平日はそれを消費しつつ外食などで使っても10万円くらいでおさまるのではないでしょうか。もう暴飲暴食できないお年頃だし、このくらいで手を打ちましょう。

健康維持費に2万円確保。夫婦でジムにいくのも楽しいかもしれません。子供がいなくて共働きなら、まだ医療保険だけ加入すればOK。念のためちょっと充実したプランに。毎月頑張って貯金しているので、ボーナスは30代ならではの買い物や旅行費用にあてましょう。まだまだ元気なうちに旅はしておいた方が良いですよ。

●40代夫婦共働き、子供（小学生）二人の場合

世帯年収…1000万円
夫婦手取り…月60万円
住居費…15万円
水道光熱費…2万5千円
貯金（投資）…10万円
交通費…6万円
食費（外食含む）…10万円
教育費…10万円
衣服費／美容費…3万円
健康維持費…1万円
サブスク（書籍・音楽・動画）…5千円
通信費…1万1千円
医療保険（二人分・死亡保障付）…9千円

ボーナス…半分を貯金（日頃のお小遣いや大きい買い物のため）、
もう半分を旅行費用に

子育てはお金がかかります。時間も取られます。ということで30代の共働きと手取りは同じ月60万円としました。

住居費は15万円。ちょっと郊外の広めのところが良いかもしれません。子育て中は月例の貯金は夫婦のつみたてNISAとiDeCoの枠を目一杯使うので十分ではないでしょうか。

教育費にもしっかり予算を割きたいなら、諸々込みで一人5万円くらいみておきましょう。二人で予算確保しましたが、おさがりなどで対応できたらもっと安く費用は抑えられます。

子供服は西松屋などのリーズナブルなお店一択。自分達の服は独身時代からのストックが十分あると思うので、それを活用し、消耗したものを買い換えていく感じで。お父さんは格安理容室利用。お母さんの美容院は月イチくらいで。美容についてはノウハウがたまってきているので、コスパ重視のアンチエイジングで。

健康維持費は子育てで動き回るので、ジムは行かなくても良いかも。サプリ代くらいは確保しましょう。サブスクで文化的な生活は維持し、子供の本などは図書館をフル活用しましょう。医療保険は死亡保障付のプランがおススメです。どちらかが亡くなってもどちらかが働いているので生活は維持できますが、生活レベルが維持できなくなるので必須だと思います。掛け捨てのネット保険などを活用して費用を抑えましょう。

ボーナスの半分は日々の生活の補填と貯蓄に。もう半分は家族の思い出作りに思い切って毎年使うのはどうでしょうか。

NIKUYO'S ADVICE

ニクヨの愛あるアドバイス

ボーナスがもらえたら、どの年代でも半分は貯金に回したいところ。その分、残りの半分は思う存分自分のために使って。

column 2

変わるために消化する時間を確保する

働くのが好きな私ですが、働き過ぎて人と会うのが面倒になった時期がありました。そういう時は少し休んで、ゆっくり自分の中で時間を消化するようにしています。

20〜30代の働き盛りの時期にも引きこもりを経験したことがありました。貯金を取り崩しながら、半年くらい（！）寝て、起きて、食べて、テレビを見て、ネットにつながって、ジムに行って、また寝る、みたいな生活をしたこともあります。私の周りのちゃんとした人たちでこんな生活している人はほとんどいないのですが、実は私の女装の先輩たちの中には私以上に引きこもっていた人（例：マツコ・デラックスさん）もいたので、あまり問題意識は感じませんでした。

思えば私は10代最後の慶應義塾大学の2年生の時も1年間休学しました。小学校・中学校の頃も1か月に1回くらいはズル休みをしていました。でも休みから戻る度に、私は変わっていったように思います。私は「ピンチはチェンジ！」とよく言いますが、変わるためにはある程度の時間が必要です。焦らず、じっくり、逃げるのでもなく、消化するという時間も大切にしたからこそ、今の私があります。

「一所懸命」という言葉が好きな日本人はとても多いです。そして日本人は同調圧力も好きなので、「一所懸命」を強要してくる人が世の中にはたくさんいます。でもあなたはこの世に生まれた時に新生児（a newborn baby）だったのです。新しいオリジナルな存在なのです。先祖のクローンではなく、父と母の遺伝子が混ざってできたニュータイプなのです。

環境も変わります。社会も変わります。人の心も変わります。ダーウィンの進化論ではないですが「適者生存」で自分がニュータイプとして変わっていかなければ、これからの時代を生き抜くことは難しいでしょう。

変わり続けるために、たまにはただただ消化するだけの時間を持ってください。私も40代になってからそういった時間があまりなかったので、3か月くらいお休みをもらいたいなと48歳にしてまた思っています。ここ最近はおかげさまで忙しくさせてもらっているので、ゆっくり消化したい欲が出てきました。この本が売れたらそういったお休みも考えてみますが、その後もあくせく働いていたら、あ、そんなに売れてないのかも（笑）と生温かい目で見守ってください♡

第3章

【稼ぐ】

自分を高く売る！
時代が変わっても変わらない
お金の稼ぎ方

「稼ぐ！」「働く！」労働ほど素敵な行動はない！

どんな仕事でもある程度継続するのが大事

周囲＝傍《はた》を楽《らく》にするから「はたらく！」と言う人もいて、周囲に感謝をされながら、適正な報酬を得て、自分の暮らしも成り立たせる「労働」は、素晴らしいものというのが私の考えです。なので死ぬまで働き続けたいと思っています。

こういうことを言うとワーカホリックだと思われるかもしれませんが、働き続けるには適度な休みが必要です。そして、どんなキャリアでも大切なのはある程度継続することです。だからしっかり自分をメンテナンスしながら日々アップデートさせて、時代に合わせて働き続けるということが、誰にとっても大切になってきます。

ある程度続けることを考えたら、仕事内容も自分が続けやすいものが良いですよね。私は生まれたからにはこの世界や人間社会を詳しく知りたいという好奇心が強いタイプです。だから、そのことについて自分の頭で考えて、整理をしながら、発信していくことを仕事にしようと思いました。企業での社会人経験を積んだのも、日本社会のリアルを知るための潜入捜査的な意味合いがありました(笑)。そう考えると皆さんも興味関心の強いことや、こだわりを自然に持てる分野のことを仕事にすると良いと思います。

得意を仕事にできる人、できない人

自分の得意なことを仕事にできるのは、一部の恵まれた人だけで、大抵の人はお金のために好きでもない仕事を続けていると言う人もいます。それもある意味では真実かもしれません。でも恵まれていない環境にいながらも、自分の得意なこと、こだわりを持てる分野を仕事にした人もいます。その違いは何でしょう？　私が思うにそれは執着心の違いだと思います。

たとえば最近は一時より人気はないようですが、テレビ局のアナウンサー試験で受かっている人はほとんどの人が学生時代からアナウンススクールに通っています。キー局の試験に受からなくてもフリーや地方局のアナウンサーとして技術を磨きながら、勉強をして、ローカルの番組やネット番組で経験を重ね、抜擢の機会を狙っています。まあアナウンサーというのは、どちらかというと肉食系タイプの人が多い仕事だと思うのですが、やっぱりこのくらいの執着心、食らいつきはどの仕事でも欲しいところだと私は考えます。

興味がある分野を見つけたら、業界研究をする、現場に近い仕事がないかを探してみる、必要ならばスクールに通うなどいろいろあります。就職活動で一発でそういった組織に入れたら理想的ですが、やっぱり20代前半だと自分の適性ってなかなかよくわからないですよね。今は第二新卒や中途採用というのを、どの業界、どの会社でも行っているので、自分のやりたい仕事にたどり着けるチャンスはあります。興味が湧いたら、まずはトライする価値はあるのではないでしょうか。

ただ、いきなり華々しい活躍ができるとは思わないでください。私も誰が読んでくれるんだろうと不安に思いながら、小さなコラムを書く仕事に丁寧に対応することで、徐々に仕事を広げていきました。目の前の仕事に真面目に取り組むことで次の仕事がやってくる。それも仕事の面白いところの一つだと思います。

NIKUYO'S ADVICE

ニクヨの愛あるアドバイス

働くことはとても素敵でやりがいのあること。できるだけ長く働き続けたい。続けるためには自分が興味関心のある分野で働くことが重要。そのための労力は惜しまずにいこう。

稼ぐのに必須！自分用パソコンを手に入れる

スマホではなくノートパソコン

どんな仕事をするにも、これからの時代に必要なツールがあります。それは自分用のノートパソコンです。これは絶対に買ってください。仕事で使わないからとか、ブラインドタッチができないとか言っている場合ではありません。ブラインドタッチの練習用のソフトは山ほどあります。ノートパソコンを買うことで、稼いでいくあらゆる可能性が広がりますし、オンラインの色々な教材を十二分に活用できるようになります。

最近はスマホやタブレットで十分と言う人もいますが、画面の大きさが違うので入ってくる情報量が圧倒的に違います。また情報を発信する際にも、作業スペースが大きいので能率が上がります。脅すわけではないのですが、これからの時代、情報の受け手だけでいると永遠に搾取されます。もしくはAIやロボットに仕事を置き換えられる運命となります。情報を入手したら、自分なりに考え、加工し、発信していく力というのが仕事をしていくにあたって絶対に必須の能力だと思います。

これからはマッチングの時代

個人が情報発信する必要があるのか？という意見もあると思いますが、これからの時代、仕事を獲得するにはマッチングする力が必要になってきます。マッチングというと恋愛や婚活などのマッチングアプリを考えがちですが、それだけではありません。マッチングによって個人にとってはあらゆる仕事が探しやすくなり、企業にとってもあらゆる人材を見つけやすくなったのです。これこそがITの進化の一番の大きな成果だと、18歳からインターネットに関わってきた私は考えています。
マッチングアプリでマッチングするにはプロフィールや写真を上げなければいけないように、私たちも発信をしなければマッチングの土俵に上がることもかなわないのです。だから、情報発信は大切なのです。これからの時代、企業も個人も、自分の仕事や能力、魅力をアピールするために情報やアイデアを発信しなければなりません。IT時代の生存戦略です。ノートパソコンがどう「稼ぐ」につながるのか、次のページから説明していきます。

NIKUYO'S ADVICE

ニクヨの愛あるアドバイス

個人も自分の能力や魅力を発信して仕事を獲得する。そのためには情報を受け取るだけではなく、加工して、オリジナリティある情報発信が必要。だからスマホだけではなく、ノートパソコンが必須。

パソコンは10万円以下でOK。新しいものを定期的に買う方がいい

インプットとアウトプットが変わる

ノートパソコンを買う費用は惜しまないでください。見た目がカッコ良くて高いノートパソコンを買う必要はありません。10万円以下のパソコンで十分だと思います。その代わり新しいものを定期的に買ってください。少なくとも4年に1回は買い換えた方が良いと思います。ちなみに私はYouTuberもやっているので、2年に1回は買い換えるようにしています。

私のおススメはスマホ感覚でスクリーンをタッチしてリンク先に飛べたり、文字や写真の拡大ができたりするタッチスクリーンのものです。小さい文字が見えにくくなった40代以上だと必須の機能だと思います。むしろ小さい字が見えにくくなった世代は、見づらいスマホを使い続けると若い子に負けます。本当にインプットもアウトプットも質が変わるので、ノートパソコンを試してみてください。

また、OpenAIのChatGPTやGoogleのBardという生成ＡＩが最近話題になっています。以前から今はＡＩの時代だと言われていますが、ＡＩを使いこなすための大本命はパソコンです。とっつきにくさはありますが、ＡＩも遊びながら、触れながら、慣れていくしかないと思うんです。パソコンだったら、YouTubeなどでおススメの使い方を見て、すぐに試せますし、情報の収集・整理・加工という過程についても大いに役立ってくれます。

ＡＩですが、今のレベルでは人間の確認作業が必要です。しかし確認する、しないの前に、まずは触れてみないと理解できません。試行錯誤するにも作業場（画面）

は大きい方が良いですよね。だから、やっぱりパソコンは必要だと思います。

パソコンの次は英語も

パソコンほどではないものの、次に必須の能力だと思うのは英語です。ただし、こちらはAIの進化によって、自動翻訳が素早く正確になりつつあり、その進化に期待するというのもありだとは思います。ただ、どんな仕事をするにも、英語に関する抵抗感はなくしていった方が良いとは思います。

たとえばインバウンドといわれる訪日観光客について、母国語が英語圏内のお客様はもちろん、英語であれば通じる、理解できる外国人の割合はかなり多いです。また、ネットにしても英語が必須です。W3Techsというウェブ技術調査サイトによると、インターネットで使用されている言語別コンテンツの割合(2023年1月1日時点)でも1位 英語(57・7%)、2位 ロシア語(5・3%)、3位 スペイン語(4・5%)、

4位 ドイツ語（3・9％）、5位 フランス語（3・9％）、6位 日本（3・2％）となっています。これを見てもわかる通り、英語で得られる情報量が圧倒的に多いのです。つまるところ英語の情報が一番ニーズがあるということです。もちろんネット上では、情報も玉石混交というか、石の方が多い状態ではありますが、この圧倒的な物量を知るだけで可能性を感じますよね。だから英語はニガテ意識を少しでも減らしておいた方がいいと私は思うんです。

対面での英会話は、ボディランゲージなどのコミュニケーション能力で、カバーできることもたくさんあります。コミュニケーションが得意な人はその能力をフルに活用しましょう。意外と役に立つと最近思っているのはAI通訳機「ポケトーク」。インバウンド対策を考えているお店ではすぐに導入して良いと思います。ネットで翻訳するなら「DeepL」という翻訳ツールを使うととても自然な翻訳をしてくれるので驚きます。また英会話などについては、駅前留学をしなくても、オンラインでかなり安い料金からレッスンを受けられるようになったので、こういったものも活用してみましょう。

そうやって少しでも苦手意識を取り除いていくのが大切だと思います。かくいう私も英語には苦戦しています。忙しいというのもあるのですが、老眼が進んでいろいろ見えづらい、集中力が続かないなどの理由です。ということで私も四苦八苦しながら取り組んでいる分野です。みんなで頑張って外国から一杯お金を稼いでいきましょう！

ここまで仕事の前段階において必須な能力として、パソコンと英語の話をしました。ここからはもう少し実践的に、勤め人だったらどうやって仕事に取り組んでいくかということについて話をしていきます。

NIKUYO'S ADVICE

ニクヨの愛あるアドバイス

これからは情報収集も発信もノートパソコンが望ましい。話者の数や市場の大きい英語は強い武器になる。サポートしてくれるテクノロジーも発達してきたので苦手意識は持たず、仕事の可能性を広げよう。

いい子ぶらずに適正な報酬を得て

報酬が割に合わないなら仕事を変える

123ページで触れましたが、仕事についても過去に比べると圧倒的にマッチングしやすい時代になりました。ということは転職のチャンスは過去にないくらいあふれている時代になったと言えます。まずはそのことを頭に入れておきましょう。そして第3章の最初のところで、労働は「周囲に感謝をされながら、適正な報酬を得て、自分の暮らしも成り立たせる素晴らしいものだ」と書きましたが、特に大切なのは「適正な報酬を得て」というところです。

そう、いつまでもいい子ぶっている場合じゃないんです。適正な報酬を得られなかったら、精神が病みます。私も派遣社員の時にちょっと仕事が嫌になってしまって、引きこもったことがありました。嫌になった理由は、報酬と職務内容が合わないと思ったからです。報酬が割に合わないと思ったら、仕事を変えましょう。すぐにです。

ニュースなどを見てわかる通り、今は人手不足の時代です。どこも人を探しています。もう我慢する必要はないのではないでしょうか？「石の上にも3年」という時代は終わりました。納得がいかないなら、すぐに仕事を変えましょう。人生はあっという間です。

自分の「売り」は明確にしておく

ただし、仕事を変えるにも、何をするにもあなた自身に「売り」がなければ次の

仕事が見つかりません。あなたは自分の「売り」がわかっていますか？たとえば私の今の「売り」は大まかに言うと

・投資信託や保険を売っていたのでお金に執着心がある
・接客経験が長いので座持ちが良い
・営業もやっていたので、セールストークもできる
・日本の会社員としての経験が長いので社会や組織について語れる
・ショウガールとしてのキャリアと実績がある
・ライターとしてもキャリアがあるので簡潔な文章が書ける
・女装とおじさんの二つの顔を持つので多面的に社会を見ることができる
・厚化粧好きの人に好かれる

ということでしょうか。え!?そんなの「売り」になるの？と思われたかもしれないですが、こんなものでいいのです。

あとはこれに数字や実績を入れて細かくアピールします。たとえば「厚化粧好き

の人に好かれる」だったら「YouTubeのチャンネル登録者8・4万人超、X（旧Twitter）もInstagramもフォロワー2万人超」という数字を挙げてアピールします。「投資信託や保険を売っていたのでお金に執着心がある」だったら「各商品の販売資格を持っていた」とか「〇〇年の経験がある」とか「営業成績が支店内で一番だった」とかです。

売りがわからないならシンプルに転職支援サービスを利用

こういった作業が苦手だという人も、安心してください。今は転職支援会社がたくさんあります。転職支援の会社というのは個人に自分の会社に登録してもらい、それを求人している会社に売り込み、紹介料をもらうという仕組みになっています。だから、登録した人を売り込むために、一緒にセールスポイントや職務経歴書の内容を考えてくれます。通例では個人でも相談料を支払うことはありません。こんなにサポートしてもらえるなら、使わない手はないですよね。

私も最初に派遣社員から正社員に変わる時にこのサービスを使いました。以後は運が良いことに引き抜き↓引き抜きという感じだったので、最初だけでその後はこのサービスは使っていません。

今の時代、転職する・転職しないにかかわらず職務経歴書というのは、一度作成しておいた方が良いと思います。なぜなら今までの自分のキャリアについての棚卸ができて、自分のセールスポイントがわかるし、いったん作成してしまえば、後は追加していくだけなので簡単にメンテナンスをしていくことができます。ちなみにこの職務経歴書の作成も転職活動も会社のパソコンではできないですよね。そのためにも自分専用のパソコンが必要なのです。

職務経歴書を一度書くと、働き方も変わってきます。今、やっている仕事は職務経歴書にどういう風に書くことができるか?ということを考えながら働くことができるのです。それはつまり自分の市場価値を考えながら働くことにつながります。そう考えると会社で何か公募している職種にチャレンジするなどの前向きな働き方ができて、経験の質も上がります。また、今の会社で昇進すれば、そのことを職務経歴書に書けます。すると転職時の評価が高まります。俄然、今目の前の仕事にもやる気が出ますよね。こうして好循環が生まれるのです。

NIKUYO'S ADVICE

ニクヨの愛あるアドバイス

転職するしないにかかわらず、自分のキャリアを客観的に見るために職務経歴書を一度は作成しておこう。今の会社の待遇に不満があるなら、自分のセールスポイントを明確にし、転職に備えよう。

退職金よりも
正当な評価を得ているかどうかが大事

退職金分のお金を給料で回収する

退職金について、日本企業の場合、ご存じのように一般的には長く勤めた方が金額が大きくなります。でも退職金のために我慢しながら低賃金で働くくらいなら、その時間を正当に評価してくれる会社で働いた方が、気持ちも良いし働きがいもあるし、そこでさらに頑張って自分の市場価値を高くすることもできるのです。我慢して働いて得る退職金にすがるのではなく、もっと稼げるようになって、退職金分のお金だって回収してやるぐらいの気持ちでいる方がいいと思います。実際にそれはできます。

今、国の仕組みとしても労働流動性と呼ばれる、転職などを通じて柔軟に仕事を変えていける度合いを高めようとしています。また、フリーランスや起業する人の割合を増やそうとしています。そうやって生産性の低い産業から、生産性の高い産業に人を移していこうとしているのです。日本は90年代から生産性が低くなってデフレが起こり、経済的な低迷が続きました。国の失策もありますが、労働流動性が低く、低賃金でも同じ会社にしがみついた人がたくさんいたことも一つの原因です。だから今の時代、私は生産性の高い部門に転職していくことを支持しています。

サラリーマンの雇用システムの変化

最近よく言われていることですが、日本の会社員の雇用システムはメンバーシップ型からジョブ型に変わってきています。メンバーシップ型は簡単に言うと「人に仕事をつける」雇用形態、ジョブ型は「仕事に人をつける」雇用形態と言われています。なんじゃそりゃ?と思われる人も多いと思いますが、大事なことなので丁寧に説明していきます。

メンバーシップ型の雇用というのは新卒時の一括採用で労働力を確保し、年功序列の終身雇用で離職を抑止し、会社側の都合で人を異動させる雇用システムです。会社にとって何でもできる都合の良い人(ゼネラリスト)を育てるために色々な部署を経験させたり、勤務地を移動させたりします。そのかわり終身雇用で定年まで、年功序列の賃金で雇いますよというシステムです。

対してジョブ型の雇用というのは「ジョブディスクリプション(職務記述書)」で職務を定義して、それに合った人(スペシャリスト)を雇用するシステムを指します。欧米では一般的な雇用制度です。私も外資系の会社に入った時はこの雇用形態でした。仕事の内容が最初から明示されていて、責任の所在も成果も明確なので働きやすかったです。

仕事の内容がどんどん高度化している現代社会において、専門性の高い人材(スペシャリスト）はますます重要になってきます。雇用の流動化が促されている中、社内政治や社内論理に長けたゼネラリストよりも、専門性の高いスペシャリストの方が転職市場においては優位になります。しかも責任の所在が初めから明確なので、合理的で精神的にも働きやすい。だから、これからの時代は専門性を身に付けていくということに重点を置いてキャリアを進めていくのがいいと私は考えます。

時代はスペシャリスト優位　英語ができればさらに◎

たとえば、経理の仕事をやっていて、その仕事内容が気に入っているとします。そんな中で会社の都合で営業部門への異動の辞令が来た場合、私が30歳くらいだったら今の会社を辞めて、他の会社の経理の仕事に就きます。その方が経理という仕事の専門性を高められるし、その後転職するにもスペシャリストとして活躍しやすいからです。ただ私がもしまだ20代だったら、自分の適性に迷いがあるから、異動を受け入れてみるかもしれません。

いずれにしても30代くらいまでに自分の適性を見極め、そこから専門性を高めていく働き方をするのはこれからの主流になっていくでしょう。

加えて、やっぱり外せないのが英語力です。英語ができると何が違うかというと、自分が扱えるお客の数が変わるということです。つまり、国内のお客様だけでなく、英語話者の人が潜在的なお客様になるのです。国内の人口が1億2千万人、それに対して英語話者は11億人以上いると言われています。英語を使えると約10倍の人が潜在的なお客様になるのです。大きいですよね。

そして英語話者のお客様をターゲットにしている会社は、世界中にたくさんあります。英語ができると、日本人だけを相手にしている会社だけでなく、もっと多くの会社に勤めるチャンスが得られるのです。しかも、今は円安で、日本の会社の給料は外国人から見ると安くなっています。それに対して外資系の会社はお客様の人数が多いので、収益の獲得にも力があり、給料設定にも競争力があります。英語に抵抗がないと、そうした会社も転職先のターゲットに入ってくるのです。

外資系といっても日本で法人登記をしてあることがほとんどなので、日本の法律に準じて活動をしています。また福利厚生についても日本の会社と比較して競争力があるので、私が外資系企業で働いていた時も働きにくさは感じませんでした。でもある日突然、日本から撤退するということはあります。私もその経験をしました。雇用は切られましたが、十分な退職金をもらいました。会社都合での退職だったのですぐに失業手当ももらえたし、かえって得したなと思ってしまったくらいです。そのおかげで次の仕事も余裕を持って考えることができました。

NIKUYO'S ADVICE

ニクヨの愛あるアドバイス

メンバーシップ型ではなくジョブ型の雇用形態が多い今、自分の適性を見極め専門性に磨きをかけ、英語力を鍛えよう。それが大きな報酬につながる転職を可能にする。退職金に縛られて我慢するのは×。

体力的に余裕がなければ副業はしない方がいい

サラリーマンの給料は出世して上げるのが基本だけど……

サラリーマンは本業で出世をしていくのが一番の収入アップであることは間違いありません。ただ場合によっては副業で稼ぐというのもありだと思います。それは本業がこれから発展する見込みがなく、給料も上がる見込みもあまりない場合です。じゃあ転職すればいいのでは？とも思いますが、今働いている会社の福利厚生が充実していたり、職場環境が良く仕事内容も気に入っていて働きやすかったりすると迷いますよね。それに加えて、副業が可能な会社だとします。そういった場合は、今の仕事を続けながら、将来性のある副業に真剣に取り組んで、最終的には副業を本業にする選択肢も出てきます。

私はサラリーマンをしながら、週末に夜の仕事のお手伝い(接客やショウガール)とライターの仕事をしていました。そのまま会社で頑張っても良かったのですが、元々金融業界に入った年齢が遅かったことや、保守的な業界なので独身ゲイ男性としての出世は難しく限界を感じたからです。あと、子供を残せない自分としては、シンプルに自分の名前の仕事を世の中に残しておきたいという願望もありました。だからサラリーマン時代も二足のわらじを履き続けました。

ただ、こういう生活をすると月の休みの日がゼロということもザラにありました。体調を維持するために日曜は完全オフにしていたのですが、イベントや営業が入った時には日曜も稼働していたので、忙しい時期は休みがなくなりました。また、人と交流する仕事をしていたので、風邪をひきやすくなる時季がありました。それで昼間の仕事でお休みをしてしまったこともありました。

そうはいっても30代後半から40代前半で無理しながらもいろいろ頑張ったおかげで今があります。やりたいことがあって、体力的に余裕があるのなら、少し無理をしても副業に挑戦してみるといいと思います。でも本来の効率を考えるのならば、本業で出世か転職して給与を上げるというのが本命であることは忘れないでください。

フリーランスになったわけ

私は現在、フリーランスでやっていますが、なぜフリーランスになったのかというと、夜のお店をお手伝いしている時に、お金の使い方がサラリーマンとフリーランスでは違うことがわかったからです。どうして違うんだろう?と注意深く見ていると、フリーランスの自営業者や会社オーナーの人たちは、接待や打ち合わせでお店を利用するので、仕事の経費となり、収入以上にお金を使えて楽しそうだなと思ったのです。

それに加えて元々「自分は人生の経営者」と考えていたので、それを実践してみる時が来たと感じたのもフリーランスになった理由です。会社からは社会人としての基本や、組織の中で働く基本を教えてもらって、それを活かして自分ならではの発信をしていく時期がきたのだと考えました。ただ実際のところは体力的に朝早く起きるのが辛くなってきたという事情もあります。

フリーランスになってみたら、大変だけど飽きないし、やった分だけ収入になるし、何より朝早く起きる必要がない（笑）。睡眠時間が確保できて、今までより健康的になりました。フリーランスになって初めてワーク・ライフ・バランスの必要性がよくわかりました。

フリーランスになるとｉＤｅＣｏの枠は広がって、小規模企業共済制度で所得控除をしながら将来に備えられるし、ワーケーション（働きながら旅行すること）もできます。私の場合は会社員時代よりも、ストレスが軽減しました。

もっとも先のことはよくわからないと言われたらその通りなのですが、今いるお客様（クライアント）に誠実に対応して、ベストを尽くしていけば、なんとかなるのではないかと思っています。ただしこれは私が恐ろしくラテン気質（楽天的という意味）だから成立する話です。予定がない方が「ラッキー、のんびりできる」と思ってしまう私ですから、予定が詰まっていないと心配な人や、不安になる人はフリーランスに向いていないかもしれませんね。

NIKUYO'S ADVICE

ニクヨの愛あるアドバイス

お金を増やしたいなら本業で出世か転職をして給与を上げるのが本命。フリーランスは性格的に向き不向きがある。しっかり自分の特性を見きわめて判断して！

向いていないと思っていた「営業」に救われた

お金を増やすのに必要な「営業力」

私は順風満帆に外資系企業の正社員になったわけではありません。契約社員やアルバイトも経験しています。20代後半まで、私は契約社員でした。収入が思うように上がらず、腐りそうになったこともあります。低評価だったり、上手く業務を回せなかったりした時などは、ストレスで掌の皮が全部めくれた時もありました。時給の良さにつられ、クレーム対応の仕事をして、心を病んで引きこもってしまった経験もあります。

でも、私は復活しました。私を復活させてくれたのは「営業」という仕事でした。信じられないかもしれませんが、私はコミュ障（コミュニケーション障害）です。大学時代も陰キャで、ドラァグクイーンとしても、ショウタイムは頑張るけれど、それ以外はほとんど役に立たない自分勝手なクイーンでした。そんな私は絶対に営業に向いていないと思っていました。だけど、このままだとどんどん周りと差がついていきます。大学時代の友人たちは企業で3〜4年目となり、ボーナスや昇給で豊かに暮らしていました。後輩たちも私より良い生活をしています。遅れた分を取り返すには「営業」から叩き上げるしか方法がなかったのです。

自分をもっとアピールできる（売り込める）ようになりたいという気持ちもありました。そのためにも「営業」を経験することは自分の役に立つのではないかと思い始めた頃、ある銀行で投資商品を売る歩合制の契約社員として働き始めました。コールセンターの経験があったので、電話の腕を買われての採用でした。

今までは受ける(受信)だけの仕事だったのに、今度は電話をこちらから発信しなければなりません。ものすごく抵抗がありました。要らない情報なのでは?嫌われるのでは?最初はおっかなびっくり電話をかけていました。新人は口座開設をした人にお礼の電話をかけさせられます。そこで、興味がある商品がないかを聞き出し、興味があれば資料を送り、説明して、最終的に電話だけでクロージング(契約成立)まで求められる仕事でした。

電話をかけていくうちに、50本に1本くらいは話を聞いてくれることがわかりました。話ができるとあとは受信の仕事の時に培った説明スキルを使うだけです。この経験は大きかったと思います。自分の発信なんて、迷惑になるだけだと思っていたのが、必要としてくれる人もいる。そういった人に出会うために頑張ろうと思えるようになりました。

「営業」から学ぶことは多い

営業に関する本もこの時にたくさん読みました。そうすると本来コミュ障だったり、営業向きでないと思ったりしている人の方が、想像力や相手の気持ちを察する能力に長けていて、向いていると書いてありました。また、自分のお財布とお客様のお財布を同じと考えないなど、コツもつかみました。自分の感覚だと高いと思っていても、お客様にとっては安い可能性もあります。人それぞれ経済状況や考え方が違うからです。だから、自信を持ってまずは提案をしてみることが大切であると学びました。

金融商品の電話販売というのは当時も今も法律上の制約もあり、録音が残ります。法令違反になってはいけないけど、きっちりと商品の魅力は伝えないといけない難しい仕事でした。ただ営業の初心者としては自分のトークを聞き直せたことや、スーパーバイザーの人に聞いてもらって、話し方のフィードバックを受けられたのも、今では大いに役立っています。

正直、歩合としてはそんなによくなく、辞めていく人も多い職場でしたが、私は粘って続けて、最終的にはグループで一番の実績を残すことができました。さらに色々な投資商品の販売資格を取ることもできたので（もちろんそのため勉強は別にしました）、心からやって良かった仕事だと思っています。

その実績を引っ下げて、もっと条件の良い営業の仕事がしたいと考え、正社員採用に応募するべく、人材紹介会社に登録をしました。そこで条件の良い保険会社の営業支援の仕事を得て転職し、以後はなんとか勢いよくキャリアを重ねることができたのです。そうすると今度は派遣社員の人を管理したり、採用したりする立場になりました。

派遣社員・アルバイトでも必ず出世できる！

私が派遣社員だった時の経験と、派遣社員を管理する立場で働いた経験を合わせて思うことは、真面目に実績を出し続ければ、派遣社員も正社員になれるチャンスが絶対にあるということです。その際に必要なのは自分の会社だけでなく、よその会社にも説明できるような仕事の実績の積み方です。そしてできれば普段から周囲にその実績をアピールして、正社員になりたい気持ちを出すことです。

どんな会社でもやる気のある人を採用したいので、売り込むことは必要です。ただこの点については、人によって得意不得意もあると思うので、苦手な人は上手に人材紹介会社を使いましょう。

大事なのは自分のやっている仕事を完全に理解し、説明できて、しかも工夫していることを簡潔に話すことができる能力です。どんな仕事でもこういった仕事のやり方を続けていけば、どこでも欲しいと思ってもらえる人材になれます。それは正社員でも派遣社員でもアルバイト社員でもそうです。このようなことを考えながら仕事をやっていけば、自分をアップデートしていくだけで仕事ができます。私が最終的にフリーランスを選んで仕事をするようになったのも、こういった訓練をしてきて「どうにかなる！」と思えたからです。

NIKUYO'S ADVICE

ニクヨの愛あるアドバイス

自分の適性は意外なところにあるかもしれない。だからまずは色々な可能性を試すことが大切。どんな仕事でもしっかり業務内容を把握し、改善策を考え、それを周囲に説明できる能力は必要。

column 3
貧しいことは恥ずかしくはない。だけど……

貧しさは漫画『巨人の星』に出てくる「大リーグボール養成ギプス」のようなものだと私は考えています。『巨人の星』の星家はお金持ちではありません。予算に制限があるからこそ、いかに効率よく、パフォーマンスを上げて、自分の価値を上げられるかを考えてトレーニングできたのです。私は生来のんびりしているので、うっかり20代の後半までこうしたトレーニングを続けてしまいましたが、時間をかけてトレーニングをしたので、しっかりと金銭感覚が身についたのかなと思います。

それと私は塩野七生先生の『ローマ人の物語』（新潮社刊）という本が好きなのですが、そこに出てくる古代ローマの皇帝たちやローマ人はインフラを徹底的に活用し、プライベートについては質実剛健でした。そうやって公共を重視し、国力を高め、奢らずに征服した民族にも寛容に接したから、他民族の尊敬を集めて、大帝国を築くことができました。令和に生きる私たちも同じことを行っていけば良いと思っています。

私自身は貧しいこと自体を恥だと思いません。貧しい理由も人それぞれ違い、境遇だったり、運だったりします。でも古代アテネの政治家ペリクレスの言葉にもありますが「貧しいことは恥ではない。だが、貧しさから脱出しようと努めないことは恥とされる」という考えに私は賛成です。貧しさを経験し、その状態に安住せず、そこから脱しようとすることで、得られる知見がたくさんあります。だから、私が20代で切実さを持って、経済感覚を身につけたことは今となっては宝のような経験だと思っています。

ただ20代で身につけた金銭感覚が一生通用するとは思っていません。テクノロジーも社会情勢も、自分の体調も日々変化していくので、アップデートが必要です。生き方も同じです。私は正直なところ、5年先、10年先については薄ぼんやりとしか考えていません。あまり先のことを考え過ぎても意味がないかなと思うのです。それよりもバランスを取って日々調整しながら自分を愛し、自分の機嫌をとることにお金を使い、お金を稼ぎ続けられるように生きています。ある程度のお金があればどんな変化にも柔軟に対応できます。お金と自分を大切にしながら変化を楽しんで生きる。これがニューレディー流の令和の渡世術です。

第4章

【増やす】

本物の自由を手に入れる！お金を増やす最初の一歩とは

お金を増やす魔法はないけれど……。少しでも有利な運用を狙って

預貯金ではお金は増やせない

気付かないうちにお金が増えている。そんな魔法みたいなやり方があれば良いですよね。「ポケットを叩く度にお金が倍になる」ような……。まず言っておきます、そんな上手い話はありません。

現在の日本は昔と比べるとかなりの低金利です。銀行預金に入れていても普通預金で年利0・001％、定期預金でも0・002％の金利しかつきません。つまり預貯金をしているだけではお金は増えないのです。

ただ、せっかく苦労して貯めたお金です。少しでも有利な運用をして増やしたい。そう願うのは当然のことです。この章では少しでも有利な運用を狙う方法について考えていきます。

私の失敗談

まず、私の失敗談からお話しします。

私は20代後半に、銀行で外貨預金や投資信託などの投資商品の電話営業を始めた時から投資を始めました。新卒で入った証券会社は現場で働く前に辞めてしまいましたし、その後はワーキングプア的な派遣社員生活をしていたので、投資をする余裕などはなかったのです。でも、それでも第1章に書いた方法で、ある程度お金を貯めることができたので、少しずつ投資を始めることにしました。

まずは為替の動きがよくわかるように外貨預金を始めました。当時はニュージーランドドルが高金利で流行っていたので、ニュージーランドドルと米ドルを10万円ずつ買いました。また、日経平均株価に連動した投資信託も始めました。こちらもキリが良くて値動きがつかみやすい10万円から始めました。大まかな日本経済の動きを理解するためです。当時はつみたて投資という概念が私の中にありませんでした。恥ずかしながら私自身が不勉強だったこともありますが、当時は一般的につみたて投資はメジャーではありませんでした。私の感覚だとリーマンショック以降に投資に慎重になった投資家の間に広まり、2018年のつみたてＮＩＳＡ導入を機に広く一般的に言われるようになった概念だと思います。なので、市場の動きを見ながら、安い時に買い足すという手法で当時の私は投資をしていました。

「身銭を切る」という言葉がありますが、実際に自分のお金で投資をすると切実さが違うんです。仕事上、毎日為替や日経平均株価の動きは見ていましたが資産を持っていない時は「はぁそうですか」ぐらいにしか考えていませんでした。でも自分が実際にその資産を持つと、上がった時、下がった時「どうして？」ということをしっかり考えるようになりました。損得に直結しますからね。とても必死に価格の推移を見るようになったんです。

必死に見ながら、上がり下がりの原因と過去からの値動きの推移を考えて、仕事でお客さんに状況を説明していきます。つまり強烈なインプットとアウトプットを同時にするようになったのです。銀行だったので個別株（投資信託などではなく、いわゆる一般的に取引されている個別の会社の株）まではやっていなかったのですが、とても勉強になりました。また、当時はグローバルソブリンという外国債券に特化して、毎月配当を分配するような投資信託がシニア世代にとても流行っていたので、値動きを知り、説明して売るために買い足しました。

こうして当初私はニュージーランドドルと米ドルの外貨預金、日経225（平均株価）の投資信託とグローバルソブリンの値動きを見ながら、お金がちょっと貯まって、安いと思う時に買い足していくという方法で運用していきました。良い時も悪い時もありましたが、この方法だと借金をしていないし、毎日値段をチェックしているし、買ったものが大きな値動きをするものでもなかったので、損は一切ありませんでした（といっても年利10％くらいの収益でしたが……）。

ところが保険会社に転職して正社員になりボーナスをもらい始めると、ガンガンお金が貯まっていきました。正社員になると上司と一緒にランチをする機会も増えたのですが、当時個別株の中でも仕手株にハマっていた上司が、毎日その話をしてきます。ちなみに仕手株とは特定の投資家によって株価が意図的に操作されている銘柄です。仕手筋（大量の株式を売買し、株価を操作する投資家や投資家集団）によって売買されている恐ろしい銘柄といえます。

私は投資信託大好きっ子だったので、当初は個別株についてはやったことがなかったし、やる勇気もありませんでした。しかし恐ろしいもので毎日1年以上、その上司の話を聞いていたら慣れて来ちゃうんですね。上司が薦めていた仕手株の値動きも自然と追いかけてしまい、追っていると、上司が買った値段よりも安くなってきていることがわかりました。

正社員として1年経てばボーナスは2回分貯まります。そのタイミングで誰にも言わず黙って、その仕手株を買ってしまいました。最初は値上がりしたので、しめしめと思って買い足しました。そうしたら、今度は下がってきちゃったんです。そこでも下がったからには上がるはず、これはチャンスだと思って買い足しておこうと思いました。この仕手株で大きく増やして高級マンションの頭金にでもしようと夢見ました。「これでやっと資産でも周りの同級生たちに追いつける」と焦ったんでしょうね。そしたらあれよあれよという間に値段が下がっていって、その会社は吸収合併されて企業名が変わって、持っていた株が二束三文になってしまいました。私はこれで500万円くらい損をしました。

不幸中の幸いだったのは、借金をしていなかったこと。だから誰にも迷惑をかけなかったのです。また、その後も仕事は順調で稼ぎ続けていたので、なんとか働いて損金をすぐに挽回できたことです。仕事をしていると一定期間頑張れば挽回がきくので、そういった意味でもまだ若いうちに、失敗を経験して良かったなと思いました。

この失敗から得た教訓は、

1　投資は余裕資金でやるべし

2　個別株は現物株（借入することなく自己資金且つ時価で取引する株）のみでやるべし
3　知らない会社の株は買わない
4　過去の値動きについて説明できる株を買うべし

です。

その後、保険会社でのキャリアを積んでいくうちに、さらに分散して投資することの重要さ、長期投資の大切さを学びました。このような経緯を経て、今現在の投資方針に辿り着くわけです。

さて、私の投資経験の失敗談はこのあたりにして、誰でもできる一般的なお金を増やす方法をこれから書いていきたいと思います。

NIKUYO'S ADVICE

ニクヨの愛あるアドバイス

投資に夢やロマンを求めると大変なことになる。夢やロマンという言葉が出てきたら、それは投資ではなく博打。若いうちの失敗は挽回できるのが救いだけど、良い子はマネしちゃダメですよ。

1000万円を1年銀行に預けても80円しか増えない現実

銀行預金は決済用と割り切る

この章の冒頭でも言いましたが、現在の日本では銀行預金にはほとんど利息がつきません。普通預金で0・001％　定期預金に移しても0・002％です。ピンと来ないかもしれませんが、これは1000万円を1年間預けて100円の利息がつくことになります。この利息部分に一律20・315％（所得税・復興特別所得税15・315％、地方税5％）の税金が源泉分離課税（銀行が代わりに国に納めてくれる方式の税金。確定申告などの必要がなく完結する）で差し引かれます。すると1000万円預けて約80

円となります。定期預金は利息が2倍なのでこの倍額です。バカバカしいですよね。時間外にATMで引き出したら、手数料だけでこの金額以上になることは確実です。これだったらタンス預金でも良いのではないかと考えてしまいます。

でも銀行預金のメリットは安全に資金を管理できるところです。タンス預金は危ないです。泥棒に入られたら終わりですし、うっかり詐欺にあっても、タンス預金だったら銀行に行ってお金をおろすという過程がないので、より簡単に騙される可能性があります。また、今流行りのキャッシュレス決済の引き落とし元も最終的には銀行口座にひもづいていることがほとんどなので、そういった意味でも銀行口座にお金を入れておくと安心です。

仮に現金が必要な場合も、手数料こそ必要になりますが、全国どこでも出金できるので、出先では便利です。デメリットとしては利息がほとんどつかない、時間外や管轄外だと引き出しに手数料がかかる、銀行が破綻した場合に、ペイオフ制度で

1000万円と利息分までしか補償されないということでしょうか。

だから、銀行預金については決済（給与などの入金と支払い）専用と考えて、1000万円以内の資金を置いておくところと考えましょう。今回のコロナ禍を経て、私たちは半年〜1年くらいは何があっても大丈夫なだけの現金を持っていた方が良いということが判明したので、そのくらいの資金を置いておく場所と考えれば良いと思います。あと、ネット銀行などを中心としたところで、ボーナス時期などに、お得な金利の定期預金が出る時がありますので、ただ置いておくだけではもったいない場合についてはそういったものを活用しても良いでしょう。

NIKUYO'S ADVICE

ニクヨの愛あるアドバイス

銀行預金にお金を置いても増えないが、決済用のお金の安全な置き場として重要である。決済に必要な分と半年〜1年くらいの生活資金を置いておく場所と割り切って利用しよう。

初心者がとっつきやすい外貨預金。損した時のダメージが大きいＦＸ

外貨預金から始めてみる

外貨預金は日本円を外国通貨に切り替えて、普通預金もしくは定期預金などで運用する商品です。外国通貨の運用になると、日本円で運用するよりも金利が高いことが魅力です。複雑な仕組みではなく、日本円の普通預金や定期預金のように運用できるので、初心者がとっつきやすい商品になっています。

注意点としては最終的に日本円に換算しないと使えないので、往復で為替手数料（円→外貨・外貨→円に交換する手数料）がかかります。また金利は高いですが、為替変動（通貨の価格変動）があるので、買う時より売る時の方が円高になると、為替で損をすることがあります。しかしながら高金利での運用ができるのと、為替手数料がだいぶ安くなったので人気があります。また、円に戻す時に買った時より円安に振れていたら、為替で得をすることもあります。為替の上がり下がりの動きを見て、この先円安に振れそうだなと考えた時に始めてみるのが良い商品です。

次にＦＸについてお話しします。Foreign Exchange（外国為替）という意味で、外国為替証拠金取引の略です。こちらは為替取引が絡むということでは外貨預金と同じですが、より為替の変動に着目した取引になります。証拠金取引という字が示す通り、入金したお金を証拠金として、入金したよりも大きい金額での取引ができます。俗にいうレバレッジ（てこの原理）が効いた取引です。

外貨預金と違って入金した証拠金をもとに、大きな金額で円を売ってドルを買う取引も、ドルを売って円を買う取引もできるので、円安局面、円高局面どちらでも収益を取りにいけるチャンスがあります。ただし、お気付きだと思いますが、少額の資金（証拠金）で大きな利益を得られる可能性もありますが、損をした時は証拠金以上の大きい金額の損失となることがあります。したがってＦＸは初心者向きではなく、為替取引に自信がある、もしくは一日中張り付いて為替の動きをチェックできる人に向いています。さらに損をしても動じない余裕資金でやる必要があります。

ここであらためて説明すると、外貨預金は銀行で取り扱っています。ＦＸはＦＸ専門の会社か証券会社で取り扱っています。いずれもネットでの取引ができますので、窓口などに行かなくても始められます。口座を開設してもすぐに始める必要はなく、開設元にある様々な資料などを熟読してから、落ち着いて投資判断をすると良いと思います。

ここまで円の普通預金の運用と外国通貨の運用の話をしてきましたが、高金利での運用が魅力的に映るのは自然なことで、金利差というのは為替の動きに大きな影響を与えます。せっかくなら有利な金利の通貨で運用をしたいのが人情です。だから一般的にはお金は金利の高い通貨に集まりやすい特徴があると言われています。

たとえば今（2023年10月時点）の米ドルと日本円との関係は、米国がインフレ対策で金利を上げていて、高い水準を維持する見込みがあるのに対して、日本は同じようにインフレ気味にもかかわらず、景気がなかなかよくならないことが原因で、金利を上げられない状況が続いています。つまり日米で金利差が生じているのです。その影響で米ドルを持ちたい人が多いので、円安の大きな一因となっています。ただし金利だけで為替は動くわけではないのが為替取引の難しさで、政治・国際情勢の影響や資源価格の推移など様々な要因が加わってきます。そうは言っても、一番身近で価格推移が毎日わかるので、為替取引が好きな人がたくさんいるのも事実です。

NIKUYO'S ADVICE

ニクヨの愛あるアドバイス

外貨預金はこの先今より円安にふれそうだなと思う時に設定すると良い。ＦＸはさらに為替の値動きに注目したもの。円安局面でも円高局面でも予想が合えば大きな利益を得られるが、合わなかった場合の損失も大きい。

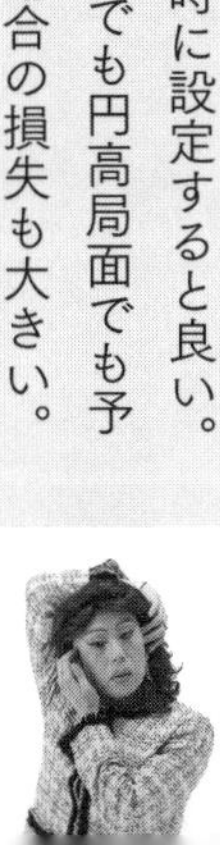

決まった年数、定率で運用する債券でお金を増やす

市場が整備されている債券

債券は国や企業などが、投資家から資金を借り入れるために発行する有価証券です。簡単にいうと借用書みたいなものですね。債券には満期が定められていて、満期となる償還日には約束されたお金が投資家に払い戻されます。決まった年数、定率での運用なので、安定性があります。市場が整備されているので、メジャーな債券は償還日前に売買をすることもできます。

リスクは債券を発行している国や企業が破綻した場合です。その分債券を発行する国や企業の信用度というのが重要になってきます。財務状況などを調べて信用度を見える化する会社が、いわゆる格付け会社です。有名なものにS&P(スタンダードアンドプアーズ)やムーディーズという会社があります。AAAとかAAといった符号を、一度は聞いたことありますよね? これが格付けです。

高い格付けほど信用力が高いことを意味します。信用力が高いと有利な金利(低金利)で債券を発行できます。安全に投資ができるので人気があり、低い金利でもお金が集まるからです。また満期まで保有すれば額面通りの利息を受け取ることができますが、途中で売買する場合には、その時点の金利が設定した時より上がっている場合は、持っている債券の魅力(利息)が相対的に低下することになり、価格が低下します。個人投資家は多くの場合は満期まで保有しますが、機関投資家や債券を組み入れた投資信託は途中で現金化することがあります。

国内の企業や自治体、国が自ら発行する債券を国内債券と呼びます。国内なので為替リスクがなく、比較的安全な資産と言われています。ただし日本の金利事情が影響して利息は低いです。日本国債は、証券会社、銀行などの金融機関や郵便局などで1万円から購入できます。日本の社債は証券会社で購入できます。以前は100万円からという大きな単位でしか購入できなかった社債ですが、最近は10万円から買えるものも出てきました。最新の情報によるとブロックチェーンという暗号資産などに用いられる技術を使って、1万円単位で購入できるようになるらしいです。今後注目の金融商品です。

それに対して海外の国や企業や自治体が発行する債券を外国債券と呼びます。こちらも期限が決まっていることや、利息がもらえることは一緒ですが、外貨に替えての投資になるので、為替変動のリスクがあります。海外の金利事情に合わせ金利は高く設定されているものが多く、そこが魅力です。格付けなどに注意して、チャレンジしてみても良いと思います。外国債券は証券会社で購入できます。取扱商品や最低購入金額は金融機関ごとに異なるので、ご自身でご確認ください。

NIKUYO'S ADVICE

ニクヨの愛あるアドバイス

債券は大まかに国内の発行体（国・自治体・企業）が発行する国内債券と外国の発行体が発行する外国債券に分けられる。満期保有で額面通りの利息がもらえるが、途中換金の場合は元本割れのリスクもある。

まずは証券会社で口座を開こう。今の株券は全て電子化されている

債券と株式の違い

債券と株式は、いずれも市場から資金を調達するために発行されるものである点は同じですが、債券は発行体（国・自治体・企業）が利子を払って、投資家からお金を借りる方式です。会社の場合、投資家に対して返済義務があるので、万が一会社が潰れた時も優先的にお金を受け取れるのが債券です。

それに対して株式は会社に出資をすることです。出資をすると、会社が利益を上げた場合はその利益の一部をもらったり（配当）、株主総会で経営に間接的に参加で

きたりする議決権を持ちますが、会社が潰れた際には出資した金額は返ってきません。ただし会社に借金があってもその借金まで負うことはありません。

株式は証券取引所で取引されている有価証券です。日本で一番有名なのは東京証券取引所ですね。市場での取引によって株価が決まります。通常日本では１００株単位で取引がされます。最近ニュースで「株式分割」という言葉をよく聞きませんか？東京証券取引所が個人でもどんどん株を買いやすくするために、既存の株式を分割して単価を下げているからです。

株式を買うには証券会社で口座を開く必要があります。昔は現物の株券というのが存在していましたが、今は全て電子化されています。買う時と売る時にそれぞれ手数料がかかります。手数料はネット証券の方が一般的には安いです（今は日本株の場合は、売買の手数料が無料の会社もあります）。株主になって、配当金がある場合、現在はほぼ証券会社の口座に振り込まれます。株主総会の案内や議決権の用紙は自宅に郵送で送られます。

株でどうやって儲けるのか

自分の周りに株をやっているという人がいても、一度もやったことがない人にとっては、株を買って企業に出資し、どんな仕組みで儲けがでるのか、いまいちわからないと思います。

株で儲ける方法は2通りあります。一つが値上がり益（キャピタルゲイン）、もう一つは配当金・株主優待です。

まず値上がり益ですが、シンプルに株価が市場で買った時より、売る時の値段が高かった場合の「差益」のことです。いわゆる株で儲けたというのはこの値上がり益によるものが一般的です。値上がり益を狙うには大きく分けて二つの手法があると言われています。それがグロース株投資とバリュー株投資です。

グロース（growth）株は、「growth（成長）」という単語が表す通り、企業の成長によって将来的な株価上昇や事業拡大が期待できる会社の株です。業績の急上昇が予想されたり、競合他社が参入しにくい独自性のあるサービスを提供したりしている会社は狙い目です。業種的にはＩＴ・テクノロジー関連会社など、時代のトレンドに沿っていて、革新的なサービスや技術が生まれやすいものが多いです。対してバリュー（value）株は文字通り、現在の企業価値（value）と比較して安い株価で売買されている会社の株のことです。つまり業績が良いのに、株価に反映されず割安になっている株です。

わかりやすい例でいうと、

・グロース株　テスラ
・バリュー株　トヨタ

という感じです。テスラはこれからＥＶ（電気自動車）が普及していくと、すごく成長するだろうという期待で買われているまさにグロース株の筆頭です。それに対してトヨタは実際の売上規模は世界一ですが、今まであまりＥＶに注力してこなかったので、割安に放置されていました。今年になって円安が追い風になり、業績が絶好調だったことや、ＥＶ用の電池で画期的なものができるかもしれないという報道があって、だいぶ上がりましたが、それでもテスラに比べると時価総額はまだ圧倒的に小さいです。

株というのは基本的にどんな会社でも未来にどうなるのか?ということの期待値で買うものです。グロース株はまさに王道の未来への期待値で買われています。バリュー株は現状の事業内容はあまり期待されていないけど、こういう未来が待っているというストーリーが描けると期待値が上がり、価格も上昇します。そういった未来を考えたり、いち早く変化に気付こうとしたりして、投資家はニュースや会社の決算発表を必死に見ているのです。

NIKUYO'S ADVICE

ニクヨの愛あるアドバイス

株式投資の収益の一つに買った時の株価よりも売った時の値段が上がっている時に得られるキャピタルゲインがある。成長株のグロース株と割安に放置されているバリュー株の二つを覚えておこう。

推し活的に株を購入するのがニクヨ式

最初にじっくりと自分の推しを見極める

カリスマ投資家として世界的に有名な人にアメリカ人のウォーレン・バフェットがいます。バフェットさんは割安に放置されているバリュー株の中から、未来のストーリーを感じる銘柄を選別して投資をする名人です。それで世界有数の富豪になりました。バフェットさんの投資手法で、私がもう一つ真似したいなと思うのは基本的に長期保有を前提としている点です。株はあくまでもお金儲けのためだから、ある程度利益が出たら即売買というのもありだとは思います。だけど長期的な成長を見込めるストーリーを見出せたら、大きな収益を狙うこともできます。長期がどのくらいかは各人で感覚が異なるとは思いますが、投資の業界で一般的に言われているのは少なくとも10年くらいです。

プロ投資家の場合は「損切り」という言葉があるように、ある程度下がったら自動的に売って、他の株に変えるということもできますが、個人だとなかなかその判断が難しいですよね。だから、初心者や株をずっと注目して見ていられないという人ほど、最初にじっくりと銘柄を見極めて、長く持てる資金でゆったりと取り組むのが良いと思います。

そういった意味では私は推し活的に株を買うことをおススメします。ニュースや会社の決算の発表なんかを見ながら考えていくわけですから、自分の興味がある会社の方が良いですよね。誰にでも得意、不得意の分野ってあると思うんです。

たとえば主婦だったら、スーパーの食材や日用品を実際に買ってみて「このサービスはすごい！」とか「この商品は絶対売れる！」というものを選別する能力に長けていますよね。自分で使ってみて、過去の値動きも確認して、良さそうと思ったら、応援を兼ねてその会社の株を買ってみると良いと思います。

配当金や株主優待を楽しみたい

推し活的な株購入がおススメという話をしましたが、ここで株の儲け方のもう一つの方法、配当金・株主優待についてお話ししましょう。配当金や株主優待というのは会社として投資家の皆さんに長く持ってもらえたら、こんなメリットがありますよというのをアピールするために行います。

配当金というのは会社の利益を適正額、出資した株主で分けあうものです。一株当たりの年間配当金を、現在の株価で割ると、配当利回りが計算できます。たとえば、現在株価が1000円で、配当金が年10円であった場合、配当利回りは1%（10

円÷1000円）となります。1000円を普通に銀行に預けていても1円に満たない金利です。それよりはずっと良いですよね。

日本企業はかつて配当に熱心ではありませんでした。しかし、世界的な株主重視の経営への流れや、東京証券取引所からの株価対策の指導もあり、配当に力を入れる会社が増えてきました。配当利回りが4％を超える会社も多くあります。長期で保有をする投資家には、そういった高配当銘柄も人気があります。

また株主優待も長期投資をする人にとってはうれしい特典です。株主優待といえばテレビ番組のコーナーで人気になった株主優待生活をしている桐谷広人さんをご存じの人も多いと思います。企業が株主に自社商品やサービスなどの「優待品」を贈る制度ですが、実は私もある外食企業の株をこの株主優待目当てで持っていたりします。年間4万円分もらえるので、ちょっと外食したい時などにありがたく使わせていただいています。

最近では個人ではなくファンド（投資信託）が株を買ったり、外国の方が株を買ったりした場合に、株主優待を使うのが難しいということもあり、配当金の方が重要視されてきています。ですが、配当金・株主優待も普通に銀行に預けておくよりも、株式の方が有利に思える特長です。株式は値上がり、値下がりのリスクもあるので、その点は注意しながらトライしてみましょう。

NIKUYO'S ADVICE

ニクヨの愛あるアドバイス

ニクヨ的に株式投資をするならウォーレン・バフェットさんを見習ってバリュー株投資。長期保有が前提で応援したくなる会社の株を買うと良い。配当金や株主優待をもらえると会社への愛も深まる。

投資家から集めた大きなお金を運用する投資信託

専門家が資産運用してくれる

投資信託（ファンド）とは、投資家から集めたお金を一つの大きな資金としてまとめ、専門家が株式や債券などに投資を行い、運用する商品です。運用成果はそれぞれの投資額に応じて分配されます。販売会社（銀行や証券会社）が販売窓口になってお金を集め、専門家のいる運用会社が運用を指図して、受託会社（信託銀行）が実際の運用を行う仕組みになっています。会社が分かれているのは投資家から預かった資産を適切に保全するのに、責任を明確にしているからです。最近はネットでの申し込みができるようになったので、販売会社と運用会社が一緒になっているケースもありますが、財産の運用は必ず受託会社（信託銀行）が行っています。

メリットは投資家から集めたお金を大きくまとめて、分散して投資をすることができることです。個人で分散して投資をしようと思ったら、けっこう大変なんです。株を買うにも債券を買うにも最低金額というのは決まっていて、それを何株も、何口もとなると大変ですよね。それを専門家があらかじめ定められた通りに指図して実行してくれる。だから楽チンにもかかわらず、分散投資ができるというのが投資信託の一番の魅力です。

デメリットは第一に手数料がかかるということ。投資信託は投資家の財産を適正に保全するために、販売・運用（委託）・財産管理（受託）という会社に分かれて管理しています。だからそれぞれの会社に手数料を払う必要があるのです。まず買う時に販売会社に「購入時手数料」を支払います。そして運用期間中には運用管理にかかる費用などをまかなう「運用管理費用（信託報酬）」が運用中の財産から間接的に差し引かれます。「運用管理費用」は運用（委託）会社・販売会社・管理（受託）会社の3社で配分されます。さらに投資信託はしっかり監査法人に監査してもらっているので「監査報酬」や株や債券を売り買いするのにかかる「売買委託手数料」などの費用が差し引かれます。また自分が換金する時に残りのファンド部分に「信託財産留保額」という費用を払う場合もあります。第二に当たり前ですが値動きのある株や債券などで運用するので、値上がりや値下がりのリスクがあるということです。さらに株式などと違ってその日の売買や評価額を計算してから値段を決めるので、相場が開かれている時間帯にタイムリーに売買できないということです。

投資信託の取引単位は「口（くち）」で表記され、1口もしくは1万口当たりの金額を「基準価額」と呼びます。毎日の売買や評価額から手数料を日割にしたものが差し引かれて「基準価額」が計算されます。持っている資産の日々の評価額は持っている口数×基準価額で計算できます。投資信託の販売は証券会社だけでなく、銀行などの金融機関でも扱っています。販売会社によっては100円から1円単位で設定可能なところもあり、初心者が投資を始めるには一番とっつきやすい商品だと思います。

投資信託でお金が増える仕組み

投資信託がどうやって儲かるのかというと譲渡益になります。簡単にいうと買った時の基準価額よりも売った時の基準価額が高かった場合の差額で儲けるということです。だから基準価額をしっかり追うことが大切です。基準価額は新聞・ネットなどで毎日公表されています。

投資信託は主に株式や債券で構成されています。投資信託には大きく分けて2種類あり、一つがアクティブ（Active）運用、もう一つがパッシブ（Passive）運用（≒インデックス運用）です。

前述した通り、投資信託は専門家（運用会社）が運用の指図をします。専門家がテーマに沿ってアクティブ（積極的）に銘柄や内容を吟味して、高い運用成果を目指すのがアクティブ運用になります。それに対して、専門家が銘柄などを吟味することなく、パッシブ（受動的）に市場の指標（インデックス）と同じ動きをするようにコンピューターで計算し、自動的に売買をする運用をパッシブ運用と言います。たとえば日本株の投資信託で一般的なのは日経平均株価と連動する投資信託です。同じ動きをするように、運用会社が株の売買の指図をするので、評価額も同じような値動きになります。

アクティブ運用は運用会社が会社訪問をしたり、調査をしたりして、一生懸命考えて運用を指図するので、運用管理費が高くなります。それに対してパッシブ運用はその部分の費用がかからない分、運用管理費がアクティブ運用に比べて安くなります。

どちらが良いか。長期投資という観点で考えるならば、圧倒的にパッシブ運用のものになります。なぜなら長期で運用するとなると、費用が安い方が良いからです。しかも不思議なことに一生懸命考えているはずのアクティブファンドの運用成果は長期ではインデックスに勝てないという現実があります。頭の良い優秀な運用会社の担当者（ファンドマネージャー）が運用の指図をしているのに、なぜ？と思いますが、長期投資という観点に立つと手数料の差し引き分というのは運用に重くのしかかってくるのです。

初心者が投資信託をするならば手数料の安いパッシブ運用のファンドで投資を始めましょう。値動きについては資産規模が大きいファンドの方が指標と連動しやすいので、手数料が安く資産規模の大きいファンドを選ぶのが良いと思います。

NIKUYO'S ADVICE

ニクヨの愛あるアドバイス

広く投資家のお金を集めて株や債券などに分散投資を行う投資信託（ファンド）は大きくアクティブ運用とパッシブ運用の二つに分けられる。初心者が長期投資をするならパッシブ運用ファンドがおススメ。

どういった資産の投資信託を買うべきか

株と債券を上手にミックスして

投資信託は株に特化したものや、債券に特化したものもありますが、それらを合わせたミックス型のものもあります。一般的に株式と債券というのは値動きが逆になると言われています。景気が良い時は企業活動も活発になって、株価も上昇するため、株式投資で利益を得ようとする投資家が集まり、株式市場は上昇傾向になります。

それに対して債券市場は景気が良い時には、過熱した経済を引き締めようと、中央銀行による金利の引き上げが行われるため、債券価格が下落する傾向にあります。逆に不景気になって株式市場が下落し始めると、金融緩和（金利引き下げ）が行われて、投資家も株のリスクを強く意識することから、債券市場が活発になり債券価格は上昇します。

こういったことから株と債券を上手い具合にミックスすると、リスクを低く抑えられる可能性が高くなります。そのお手本がＧＰＩＦ（年金積立金管理運用独立行政法人）の運用です。ＧＰＩＦは私たちの大切な年金の資金を運用する組織です。２００１年の市場運用開始以来、２００８年のリーマンショックの時期を含めても、収益率は年率平均３・97％です。

運用資産の構成割合（一般的には「ポートフォリオ」と言います）は国内株式25％・国内債券25％・外国株式25％・外国債券25％となっています。運用資金は２００兆円を超え、年金資金を長期運用するために考えられたポートフォリオです。日本の中で、最高峰に頭の良い人たちが考え抜いて決めたものなのです。

ということで、積極的にこのポートフォリオを真似しましょう。最初からGPIFと同じような資産割合を目指すミックス型の投資信託もたくさんあります。投資初心者で投資に不安を抱える人はそういった投資信託を真似て、手数料が安くて規模が大きいものを選ぶのが良いと思います。投資に慣れてきて、興味がある分野、伸びそうだと思う分野が出てきたら、そうした分野に特化した投資信託を買ってみましょう。

NIKUYO'S ADVICE

ニクヨの愛あるアドバイス

投資には興味があるけどリスクが怖いという人は国の年金を運用しているGPIFが持っている資産割合と同じ割合の投資信託を買ってみて。これで慣れたらもう少しアクティブなものにチャレンジしてみて。

貯蓄性保険と個人年金保険でお金を増やすには

長寿の時代、健康に自信がある人向け

保険には掛け捨てにならず満期時に保険金などで受け取れるものがあります。保険料が掛け捨てにならない保険の場合、満期時には満期保険金として、解約時には解約返戻金として、契約時に定めた金額を受け取ることができます。このような満期保険金や解約返戻金がある保険は保障だけでなく資産形成という両方の役割をもっています。代表的なものに「終身保険」や「養老保険」、「個人年金保険」が挙げられます。

払い込んだ金額の保証があったり、保険のメリットである、生命保険料控除や死亡保険金の税制上のメリットなどが使えるという反面、長期の運用を前提としているものが多く、引き出しに条件があったり、途中解約をすると不利になることもあります。あと、保険商品全般で、保険会社の健全経営のために、割と手数料をしっかり取っています。保証（保障）内容と引き出し条件、手数料を見極めた上で、納得した場合のみ、購入した方が良さそうです。

個人的には自分用の終身年金を作れる「個人年金保険」は良いと思っています。なぜなら預貯金だと長生きした場合に使い切ってしまうリスクがありますが、終身年金という形にしておけば、自分が生きている限り年金支払いが続くからです。長生きリスクに備えて元々の公的年金に加えてもらえると長生きが楽しみになりそうなので、長生き家系や健康に自信がある人はやってみても良いのではないかと思います。ただし終身年金は早く亡くなってしまった場合、掛金以下の受取額になるリスクもあるので、ご注意ください。

不動産投資は難易度が高い

不動産への投資というのは他人に貸したり、転売したりして儲ける投資です。自分が住みながら転売狙いというのもあります。正直なところ、レベルが高い投資です。まず、まとまった資金が要りますし、値段の大きな上がり下がりも考えられます。昭和の日本では「土地神話」という言葉があり、土地は買ったら必ず値上がりするものという認識がありました。しかし平成に入り、人口減などもあり、一部地域を除いて土地は値上がりするものという常識は崩れました。

一部地域というのは「都心・利便性・流動性」のある物件です。都心は都会の中心部、利便性は住環境（駅近・教育機関や病院の有無・スーパーなどの施設）がよく暮らしやすいこと。流動性は間取りや広さなどを含めて、その物件を買いたいと思う人がたくさんいることです。今風に言うと都心のタワマンなんかは欲しい人が結構いるので、条件に当てはまっていると思います。が、正直高いです。前述しましたが2

023年7月の首都圏の新築マンションの平均価格は9940万円。東京23区に限って言うと、新築マンションの平均価格は1億3340万円です。

ただ、多くのお金持ちは自分や子供の世代のために不動産をある程度持っていたりするのも事実です。だから、自分たちが長く住んでメリットを享受できたり、子供や孫世代がメリットを得られそうだと思ったら検討してみても良いと思います。ただし96ページでも言いましたが、不動産というのは売るにも買うにも相当なパワーが必要です。建物の維持管理（メンテナンス）にも割とお金がかかりますし、人に貸す場合には管理に費用がかかったり、神経を使います。そういうのが気にならない人ならば踏み込んで良いと思います。

そんなにお金持ちでないけど、資産の中に不動産も入れておきたいという人も一定数いるでしょう。そういう場合におススメするのはＲＥＩＴ（不動産投資信託）になります。ＲＥＩＴは投資家から集めた資金で不動産へ投資を行います。そしてそこから得られる賃貸料収入や不動産の売買益を原資として投資家に配当します。投資家はＲＥＩＴを通じて間接的に様々な不動産のオーナーになり、不動産のプロによる運用の成果を享受することができます。ネット証券では１００円から始められるということもあり、手数料こそかかるものの、少額の投資で分散して不動産の資産を持つことができます。

NIKUYO'S ADVICE

ニクヨの
愛ある
アドバイス

貯蓄性の保険商品は手数料や途中解約のリスクに注意。私的には長生きリスクに備える終身年金は面白い。不動産はまとまった資金とノウハウ、長期保有（使用・転貸）で利益が出る上級者向け投資。

本命投資にはできないけれど知っておきたいコモディティ

商品先物市場で取引され値動きが激しい市場

コモディティ（Commodity）とは「商品」のことを指す言葉です。商品先物市場で取引されている原油などのエネルギー、金やプラチナなどの貴金属、トウモロコシや小麦などの穀物といったような「商品」への投資をコモディティ投資と言います。世界中の需要や、社会情勢、景気、気象条件などの要因によって、価格が変動する資産です。特に農産物の市場は値動きが荒く、変動要因も個人にはわかりにくいため、初心者は手を出さないのが無難と言えます。

金やプラチナなどの貴金属はつみたて投資もあるくらい一般的にはなっています。特に金は「有事の金」と呼ばれ、株式市場がショック安（暴落）に見舞われるような時に上昇する傾向があるので、分散投資の一つとして持つのもありかもしれませんが、値段の振れ幅も大きいので、本命の投資ではないと思います。

同じく石油については世界の経済状況が良いと消費が伸びますが、脱炭素化が叫ばれている中で、発電や蓄電、送電技術に大きな技術革新があった時には大きく値段を下げるかもしれません。その逆に産油国などで危機が起こると値段が高騰しやすいです。たとえば産油国であるロシアのウクライナ侵攻で、一時期原油の価格が上がったのも、そういった事情ですし、産油国も石油の値段を長く維持するために、協調して減産していたりします。なので、世界景気や国際ニュースを読み解くのに長けた上級者向けの投資と言えるでしょう。

新しい電子マネー、暗号資産（仮想通貨）とは

暗号資産（仮想通貨）はブロックチェーンというインターネットを通じて新しい技術を使った新しい電子マネーの総称です。従来の電子マネーとの違いは取引や残高を記録するホストコンピューターが存在しない点です。つまり電子マネーの発行元や銀行などを経由しないで、普段使っている通貨（お金）のように利用者同士が直接やりとりができるようになったのです。ということで、インターネット上の仮想空間の通貨ということで当初は仮想通貨なんて言われていましたが、厳密に言うとネット上の暗号を用いた技術であるので、最近は暗号資産と呼ばれるようになっています。

暗号資産は仮想空間で暗号として記録されている通貨なので、円や米ドルなどの法定通貨の様に、国が価値を保証している訳ではありません。しかし送金の手数料が安く、国境も無いので世界中で使うことができます。日本では決済方法として一般的ではないので、使えるお店がかなり限定されます（ビックカメラやメガネスーパーなど）。海外でも特定の先進都市（サンフランシスコ・ロンドン・アムステルダム等）や一部

のネット取引では決済利用できるところがあるようですが、一般的とまでは言えません。やはり資産として保有して値動きで売買する方が一般的です。暗号資産は有名なものにビットコインやイーサリアム、リップルがあります。

個人的には世界各国が自国通貨の電子化を考えている中、こうした暗号資産を規制する可能性があると考えています。送金手数料の安さや国境を越える送金の簡単さは犯罪の温床にもなりかねません。何かあった場合の責任が不明確なのも弱点です。また、流通量が多くないので、事件やニュースがあると、価格の振れ幅（ボラティリティ）が大きくなります。最近日本では暗号資産で得た利益は、雑所得とするということになったのも大きいと思います。そうすると大きく利益が出てもかなり税金で持っていかれることが確定しているので、一攫千金もあまりないと考えます。

NIKUYO'S ADVICE

ニクヨの愛あるアドバイス

コモディティ・暗号資産は興味があって、業界や仕組みに詳しいなら持っても良いと思うが、本命ではない。なくなっても良いと思える資金で勉強のために持つくらいのスタンスで。

ニクヨおススメ！投資信託でお金を増やす方法

資本主義の未来を信じて投資

さて、ここまでいくつかの投資商品などについて取り上げてきましたが、ここからは具体的にはどのようにしてお金を増やしていくかという話をしていきたいと思います。結論から言うと、まだ若くて今後収入増が見込めるような期間は株式系の投資信託が中心、老後が見えてきたら、債券などの比率を高めていくという方法がおススメです。

トマ・ピケティというフランスの経済学者の日本でもベストセラーになった『21世紀の資本』（みすず書房）という本にもありましたが、その中に富の不等式「r＞g」について書かれています。この「r」は資本収益率です。これは株式や債券、不動産などの資産からの収益です。「g」は経済成長率です。これはつまり労働によって得られる収益のことです。ピケティさんはこの不等式によって貧富の格差が拡大したという話をしていました。

私のモットーは、「人は本来の仕事で頑張ってお給料を上げていくべし」ですが、株式や債券、不動産などの資産からの収益率が経済成長率を超えるというなら、使わない手はないと思うのです。稼いだお金をせっせと資産化していくしかないと思うのです。そして資産の中で一番手をつけやすいのは投資信託だと思います。

私は資本主義の未来を信じています。会社へ投資するというのが本来好きです。それだったら個別の株式投資をやれよと思われるかもしれませんが、個別株式だとその会社に何かあった時には資産が紙屑（今は電子化されているので実際には紙屑にはなりませんが）になるという側面があります。SNSが発達し、企業もSNSと付き合っていかなければならない時代です。社内で何か問題があって、SNSで拡散されてしまうと、企業の存続に関わる大変なことが起こるようになったのは皆さんもよくご存じだと思います。

そういった意味でも分散投資ができる投資信託という仕組みを使うのが、良いと思っています。一般的にリスクは「株式＞債券」です。リスクが大きければ狙えるリターン（収益）も大きくなると言われているので、資産を形成している時は株式型の投資信託を中心にするのが良いと思います。そしてそろそろ老後が近づいてきたなと思ったら、債券の比率を上げていく。それが王道だと思います。

分散・長期つみたて投資のメリット

投資をするには分散投資が有効です。「卵は一つのカゴに盛るな」という投資格言がある通り、カゴを分けていれば一つのカゴに何かがあった時にも他のものは助かるということがあるからです。そういった意味では株式型の投資信託を選ぶ場合にも分散が効いたものを買っていくのが良いでしょう。今人気の投資信託で全世界分散型（といっても本当の全世界ではなく日本を含む先進国・新興国くらいまで）のものがあります。そういったものを選んでおくと、ある国で何かあった場合も他の国でカバーできるというメリットがあります。

一方で世界中の富や頭脳が集積する米国株に広く分散して投資するというのも人気があります。たしかに米国の経済は堅調で力強いものがあります。また地理的にも戦争などの危険が少なく、強力な軍事力もあり、移民の流入も続いていることから、この先も安定して強い成長を続ける可能性が高いです。実際にアメリカの株式指標である「S&P500」というアメリカを代表する500社の株価を反映した投資信託を選ぶ人もとても多いです。

一方で私の希望ですが、日本の株式にも投資をしてほしいなと思います。だって、自分たちの住んでいる国で、社会や国をよくするサービスを提供してくれている企業が実はたくさんあるんです。そこにお金が回るようにすると、回りまわって自分たちの社会や生活環境もよくなるのではないかと私は考えます。だから、全てとは言いませんが、ぜひ日本の株式に着目した投資信託も考えてみてほしいと思います。自分に投資をするように、日本の企業に投資をしたら、日本も少しはよくなると思いませんか？ということで微力ながら私も日本の株式に特化した投資信託も買っております。今は円安なので、海外の株よりも比較的リーズナブルに買うことができます。

老後が見えてきた50歳以降は債券も組み込んだ投資信託を選ぶのをおススメします。前述したGPIF（年金積立金管理運用独立行政法人）の資産構成を真似した国内株式25％・国内債券25％・外国株式25％・外国債券25％といった商品を買うと良いと思います。50歳以降の人だけでなく、若くてもリスクは苦手という人も多いでしょう。そういった人も手堅いGPIFと同じ資産構成だったら、リスクを取りやすいのではないでしょうか。

NIKUYO'S ADVICE

ニクヨの愛あるアドバイス

お金持ちへの第一歩はお金の資産化。少額から始められ、長期保有でき、分散されていて、コストも低く抑えられる投資信託は王道。若い人は株式に特化したもの、年齢を重ねたら債券の割合の大きいものへ。

難しい買い時のリスクを下げる "コツコツ買い"

長期投資で手数料の安いものを買う

ここまでどんな内容の投資信託に投資をするかという話をしてきましたが、続いてはどのようにして買うかということについてお話ししましょう。資産形成には長期的な投資が良いとされています。したがって手数料（コスト）の安いものを買うというのが鉄則になります。そして、コストの安い投資信託をいっぺんに買わずにコツコツ買い続けるということも大切になります。これがドルコスト平均法と言われる買い方です。

投資において買い時が一番難しいと言われています。誰でも市場の価格の一番低い時に買って、一番高い時に売れたら最高ですが、そうは上手くいきません。市場は生き物のように日々動いていますし、状況も刻々と変わります。まだ安くなるはずと思っていたら、価格が上がってしまって、買えなくなったということもよくあります。これが一番ダメなんです。投資をする機会を逸失してしまったということになるからです。

でも一度に大きく買わないで分けて買っていけば、まだ安くなると思っていても買うことができますよね。それを一定額にしておけば、高い時には少しの口数、安い時には多くの口数を買うことができます。長期でそのように投資信託を買っていると、全体の購入単価を平均的にさせる効果があり、長期的な資産形成を行っていく上で有効な方法の一つと考えられます。投資は分散が大切だと言いましたが、ドルコスト平均法は時間の分散・金額の分散になるのです。

つみたてNISAとiDeCo

このドルコスト平均法での投資は日本政府も有効であると考えていて資産形成を促す優遇枠を作っています。それが「つみたてNISA」と「iDeCo」です。どちらも運用時の税制優遇措置があります。通常、運用で得た利益には20・315%の税金がかかりますが、これらの制度では非課税となり、運用で得た利益をそのまま手元に残すことができます。たとえば運用で100万円の利益が出たとすれば、通常は約20万円も税金がかかりますが、つみたてNISAとiDeCoはそれが非課税となります。

「つみたてNISA」は、2018年1月からスタートしました。少額からの長期・積立・分散投資を支援するための非課税制度です。年間の投資額は今のところは40万円が上限です(2023年10月時点)。これは月に直すと約3万3000円です。既に貯金がある程度貯まった若い方も、これくらいだったら、始めやすいのではないでしょうか。しかも2024年1月からはNISA制度が改正されて「新NISA」となります。

「つみたてNISA」は「新NISA」の「つみたて投資枠」となり、年間投資上限額は120万円となって、非課税保有限度額は1800万円となります。さらに運用期間は今までの最長20年から無期限となるので、これまで資産形成をし忘れてきた40代・50代の方にも絶好のチャンスです。「新NISA」では今まで併用できなかった「つみたて投資枠」と「成長投資枠」を同時に使うことも可能なので、推し活をしたい株式がある人もこの枠を活かせます。

「つみたてNISA（2024年からの新NISAの「つみたて投資枠」）」の対象商品は、手数料が低水準、頻繁に分配金が支払われないなど、長期・積立・分散投資に適した一般的な投資信託となります。少額で長期間積み立てていくということで、ドルコスト平均法の投資方法となります。始めるには証券会社・銀行などの金融機関で専用の口座を開設する必要があります。国からの資産形成のための優遇税制の枠をぜひ有効に使ってください。

ｉＤｅＣｏは公的年金（国民年金・厚生年金）と別に給付を受けられる私的年金制度の一つです。公的年金と異なり、加入は自由です。加入の申込・掛金の拠出・運用の全てを自分で行います。掛金は年金用なので保守的に定期預金・ｉＤｅＣｏ用の投資信託・保険商品で運用します。掛金とその運用益の合計額をもとに、最終的に給付を受け取ることができ、公的年金と組み合わせることで、より豊かな老後生活の備えをすることができます。

つみたてＮＩＳＡとの大きな違いは3点あります。

・掛金が全てその年の所得控除になる
・積立期間は加入から、65歳まで（運用は10年間延長可能）
・60歳まで資金の引き出しはできない

・受取時に一時金の場合は退職所得控除、
年金の場合は公的年金控除が使える

ｉＤｅＣｏは老後の年金を手厚くするために作られた制度なので、60歳まで途中引き出しができないというのが、一番のネックになりますが、運用益が非課税な上に、所得控除もできるので、メリットが大きいです。所得控除はフリーランスの人は既に詳しいかと思いますが、会社員だと年末調整で申請すると還付される控除です。ただしｉＤｅＣｏの上限額は会社員かフリーランスかによって違っていて、特に会社員は会社の年金制度によって違うので、それぞれ可能な額を確認してみて、使えるのであれば目一杯枠を使って良いのではないかと思います。

NIKUYO'S ADVICE
ニクヨの愛あるアドバイス

長期・積立・分散投資は国も促進する資産形成方法。そのために作られたつみたてＮＩＳＡとｉＤｅＣｏは税優遇もあり一刻も早く始めたい。口座開設に手続きが必要なので、銀行や証券会社の窓口、ネットで手続きを。

年代別・確実にお金を増やすシミュレーション

つみたてNISAとiDeCoを活用する

最後にこれまでお話ししてきたことの総まとめ的に、私の考えるお金を増やす戦略を具体的且つシンプルにお伝えしたいと思います。私だったらということなので、その点ご注意です。投資はあくまでも自己責任で(汗)。

【20代会社員(企業年金を導入していない企業)、独身の場合】

・月4万円貯金。5～6年かけて、まずは現預金300万円を貯める。

・300万円貯まったら投資開始。
・300万の貯金は手を付けずそのまま。
・毎月3万3000円ずつ「つみたてNISA」で全世界型株式のインデックス連動ファンドに入れる。
・毎月2万円「iDeCo」で日経平均株価連動の株式型の投資信託に入れる。
・ボーナスは自己投資に使う。ただし内10万円くらいを貯金に上乗せ。

【30代会社員（企業年金を導入していない企業）、独身の場合】

・貯金があることが前提。ない場合はまずは現預金500万円を貯める。
・500万円を維持しながら、大体月6万円くらいをお金を増やすために確保。
・毎月3万3000円ずつ「つみたてNISA」の全世界型株式のインデックス連動ファンドに入れる。
・毎月2万円「iDeCo」で日経平均株価連動の株式型の投資信託に入れる。
・その他1万円を投資信託のつみたて投資に。米国株のS&P500に連動した株式型の投資信託に入れる。
・ボーナスは半分投資に。社会人経験も増えたので興味のある業界やよく知っている好きな業界の株を推し活的に買う。
・考えるのが面倒なら、全世界型株式のインデックス連動ファンドを買い足す。

【40代会社員（企業年金を導入していない企業）、DINKS】
・夫婦で最低1000万円の貯金は確保したい。
・DINKSの40代以降は貯め時。夫婦で月大体20万円くらいは投資に回す。
・毎月6万6000円ずつ「つみたてNISA」で全世界型株式のインデックス連動ファンドに入れる。
・毎月4万円「iDeCo」で日経平均株価連動の株式型の投資信託に入れる。
・その他約10万円を投資信託のつみたて投資へ。
・少し安定も考えてGPIFと同じ割合の株・債券ミックス型の投資信託や有望な分野の不動産投資信託（REIT）などへも分散する。

・ボーナスも半分は投資へ。投資信託の買い増しか、興味のある株式があったら推し活的に買ってみる。

【40代会社員（企業年金を導入していない企業）、子供（小学生）二人】
・夫婦で最低1000万円の貯金は確保したい。
・毎月6万6000円ずつ「つみたてNISA」の全世界型株式のインデックス連動ファンドに入れる。
・毎月4万円「iDeCo」で日経平均株価連動の株式型の投資信託に入れる。
・まとまったお金のかかる大学入学以降に備えて子供たちの貯金分は各ボーナスから20万円ずつくらいを、ジュニアNISAで運用したかったのですが、ジュニアNISAは2023年で終了。その分は2024年から始まる新NISAで増えた枠を活用しよう。
・購入する投資信託は換金可能性が高く冒険できないのでGPIFと同じ割合の投資信託で備えよう。

【50代会社員（企業年金を導入していない企業）、子供一人（大学生）】

・夫婦で最低1000万円の貯金は確保。
・投資は株式の割合を減らし、債券のウエイトを高める。
・毎月6万6000円ずつ「つみたてNISA」でGPIFの基本ポートフォリオと同様の構成（国内株式25％　国内債券25％　外国株式25％　外国債券25％）の投資信託を買う
・毎月4万円「iDeCo」でも、GPIFと同様のポートフォリオの投資信託を買う。
・子供の学費は既に貯めたものを活用。足りない分は子供にバイトさせ、それでも足りない場合は通常の生活資金から捻出。
・ボーナスも使わない分は前述の投資信託をつみたてで買い足す。
・50代からは健康にも投資。長生きには筋肉が必要なので、ジムの費用を捻出。
・体に良い食品の摂取を心がけ、良いコンディションで長く働き続けられる準備を。

【リタイア世代(60代以上の夫婦二人暮らし)】

・できれば仕事は続け、年金支給開始を少しでも遅らせ、その分年金額を大きくする。
・iDeCoは拠出期限ギリギリの65歳まで所得控除があるので続ける。
・退職金が出た場合、一気に投資をするのではなく、つみたてNISAの枠を目一杯使いながら、分散投資。
・つみたてNISAもiDeCoもGPIFと同様のポートフォリオの投資信託を買う。もっと保守的にという声もあるが、60代ならこのポートフォリオで十分。
・生活費が給与や資産が増えた分の取り崩しで収まるならば、旅行やレジャー、子や孫への援助にお金を使ってもいい頃合い。

NIKUYO'S ADVICE
ニクヨの愛あるアドバイス

若者からリタイア世代まで、共通して言えることはつみたてNISAとiDeCoは目一杯活用する。プラスアルファで税金は通常通りかかるが、つみたてで投資信託を購入していくのが良い。

おわりに　絶対なんとかなる！　ニクヨが最後に伝えたいこと

「お金は自分を幸せにしてくれる道具」と言ってきた私ですが、シンプルに自分だけを幸せにしようということならば、意外とお金をかけずにできてしまうものです。特に私は20代の頃に経済的な不遇を経験したので、幸せの閾《いき》値《ち》（感じるポイント）が低く、夏のお風呂上がりに夜風に吹かれて、音楽を聴きながら散歩をするだけで「気持ちいいなぁ、生きていて良かったな」と思えたり、Amazon Prime Videoの映画をパソコンの画面で観て、感動でボロ泣きします。本当に安上がりに幸せになれてしまうのです。

でも、そう感じることができるのは自分が健康だからです。同じことでも病気の時にはそうはいきません。だから一番コスパよく生きるためには、健康でいることが一番大事だと思います。医療費もかからない上に、元気だったら働き続けられます。実は働いている間はそんなにお金も使わないので、家でダラダラしているくらいなら働いて稼いで、空いた時間にパッと新しい経験のためにお使うというのが満足度も高い人生なのではないでしょうか。

健康を維持して死ぬまで働き続けていれば、老後資金の悩みもそんなに大きくならないでしょう。日本は幸か不幸か人手不足の時代に突入しています。この先もっともっと人手不足が起こってきます。そうすると健康さえ維持していれば、ずっと働き続けることができます。私はそれを目指しています。

働き続けていたらお金が手元に残るはずです。それをただ銀行預金に置いておくのではなく、ピケティ博士の「r＞g」（r＝資本収益率、g＝経済成長率）の計算式から学んだように、少しでも資産化し、そこからも収益を取っていきましょう。お金を資産化するのに、分散投資ができて、少額から始めやすいのは投資信託です。日本国政府も投資信託を中心とした金融商品のつみたて投資で資産形成ができるよう、税制上の優遇をした「つみたてＮＩＳＡ」や「ｉＤｅＣｏ」という仕組みを用意してくれています。それを有効に活用しましょう。

しかし、投資をするにも、暮らしていくにも、そもそもお金が手元にない…と途方にくれている人がいるかもしれません。そういった人に私が問いたいのは、「居場所」を間違えていないか？ということです。そこにいてお金が貯まらない、幸せになれないという場合、居場所を間違えている可能性が高いです。勤める会社を間違えているのかもしれないですし、会社が属している業界に問題があるのかもしれません。

そう気付いたら、移動したらいいと思います。お金のない業界に滴り落ちるお金はありません。お金の匂いのする場所に移っていきましょう。世の中を見渡すとお金のない業界でじっとしている人がたくさんいます。私は金融や経済が好きですが、金融業界の中で働く人の仕事は、かなりの部分ＡＩに置き換わるだろうなという予感がしたので、人とコミュニケーションしたり、起こっている事象を簡単な言葉で説明したりする仕事に変えていきました。

「あなたは独身で家庭も無いからそういったことが出来る」、そういう声をよく聞きますが、はたして本当にそうでしょうか？これだけネットで情報が取れて、交通機関も発達した時代です。動くのが億劫でやらないだけではないですか?業種や業態を変えていく際も、お金はとても役に立ちます。当座の生活に困らないお金があれば、思い切った決断もしやすくなるからです。

これからの時代「一所懸命」ではなく「適所賢明」というのが、幸せに生きていくためのキーワードだと私は考えます。一所に命懸けで留まるのではなく、広く世界を見渡してみましょう。もっと住みやすい場所、もっと自分に合った仕事、もっと面白い生き方、必ずあるはずです。見つかっていないなら、探す努力が足りていないのかもしれません。旅に出かけましょう。お金はそんな時もあなたをしっかり支えてくれるパートナーです。大切な自分が変わるのを助けてくれる応援団です。

だからお金を愛してあげてください。そしてお金を使って「ピンチはチェンジ」の心を忘れず、健康に気をつけながら私たちも変わり続けましょう。自分自身が変わり続けていけば、変わりゆく時代に合わせて幸せを感じ続けることができます。私もあなたも幸せを感じるために生まれたのです。きっとできるはずです。

2023年9月　肉乃小路ニクヨ

著者：肉乃小路ニクヨ

経済愛好家、ニューレディー、コラムニスト。渋谷教育学園幕張高等学校を卒業し、慶應義塾大学総合政策学部へ進学。大学在学中より女装をスタート。大学卒業後は金融業界で10年以上勤務し、お金のプロとして様々な提案を行う。証券会社、銀行、保険会社などを渡り歩き、夜は新宿2丁目の夜の社交場で、人間観察力を磨いてきた。42歳で退職し、その後はフリーランスとして、自分らしく生き、人生をバラ色にするために必要なお金との付き合い方を、多くのメディアで熱く発信する。千葉県出身。

X（旧Twitter）@Nikuchang294
Instagram　@nikunokouji294
YouTube　肉乃小路ニクヨ【Japanese Drag Queen】

確実《かくじつ》にお金《かね》を増《ふ》やして、自由《じゆう》な私《わたし》を生《い》きる！
元《もと》外《がい》資《し》系《けい》金《きん》融《ゆう》エリートが語《かた》る価《か》値《ち》あるお金《かね》の増《ふ》やし方《かた》

2023年10月25日　初版発行

著者／肉乃小路《にくのこうじ》ニクヨ
発行者／山下直久
発行／株式会社KADOKAWA
〒102-8177　東京都千代田区富士見2-13-3
電話　0570-002-301（ナビダイヤル）
印刷所／TOPPAN株式会社
製本所／TOPPAN株式会社

●お問い合わせ
https://www.kadokawa.co.jp/（「お問い合わせ」へお進みください）
※内容によっては、お答えできない場合があります。
※サポートは日本国内のみとさせていただきます。
※Japanese text only

定価はカバーに表示してあります。

ISBN 978-4-04-606479-0　C0033